E-CUBED by Pam Grout
Copyright ⓒ 2014 by Pam Grout
Originally published in 2014 by Hay House Inc. USA

Korean Translation Copyright ⓒ 2015 by SIGONGSA Co., Ltd.
This Korean translation edition is published by arrangement with
Hay House UK Ltd. through Amo Agency, Korea.
Tune into Hay House broadcasting at: www.hayhouseradio.com

이 책의 한국어판 저작권은 아모 에이전시를 통해
Hay House UK와 독점 계약한 ㈜SIGONGSA에 있습니다.
저작권법에 의해 한국 내에서 보호를 받는 저작물이므로 무단 전재와 무단 복제를 금합니다.

E - C U B E D

신이 선물한 기적

팸 그라우트 지음 | 엄성수 옮김

SIGONGSA

"부족함이 없다는 걸 깨달으면,
온 천하가 내 것이 된다."

― 노자老子

들어가며

"다시는 예전의 삶으로 돌아갈 수 없다는 걸, 조금의 망설임이나 의심도 없이 깨닫게 되는 순간이 있다. 다시는 예전의 내가 될 수 없다. 이제 난 완전히 새로운 부를 가지고, 새로운 삶을 살게 되는 것이다."
— 줄리 매킨타이어Julie McIntyre, 지구관계센터Center for Earth Relations 책임자

'기적 수업A Course in Miracles'에 열심히 참여하는 학생이 되기 전까지만 해도, 나는 누가 봐도 '성공할 것 같은 사람들' 대열에 낄 가능성이 전혀 없는 사람이었다. 당시 나는 남자 친구(그는 나의 마지막 남자 친구였다)와 함께 지내던 코네티컷의 시골집에서 쫓겨난 신세였다.

엎친 데 덮친 격이라고 당시 나는 임신 7개월에 접어든 미혼모였는데, 딱히 갈 만한 데도 없었다. 때는 푹푹 찌는 7월 중순이었고, 내 전 재산을 실은 조그만 파란색 도요타는 에어컨이 고장 난 상태였다. 차를 몰고 콜로라도 브레켄리지Breckenridge 쪽으로 가는 동안 줄곧 기온은 섭씨 38도를 오르내리고 있었다.

어쨌든 무언가 변화가 필요한 시점이었다.

나는 결국 기적 수업이라는 자기 학습 프로그램에 열심히 매달렸다. 그 프로그램에서는 내 인생이 그 모양 그 꼴이 된 것은 순전히 내 책임

이라고 했다. 또한 집착하는 것들을 손에서 놓기만 한다면, 그러니까 '그 인간이 내게 몹쓸 짓을 했다'는 원망은 물론 이런저런 쓸데없는 생각까지 버린다면, 내가 행복해질 수 있다고 했다. 제대로 된 사랑도 경험하지 못하고 풍요로운 삶을 살지도 못하는 건 순전히 내 의식에 늘 적색경보가 내려져 있어서라고 했다. 즉, 내 생각들이 늘 세상을 철천지원수 대하듯 하고 있다는 것이다.

기적 수업을 받으면서 나는 내 삶의 근본에 대해 의문을 갖게 되었다. 하지만 순순히 집착을 놓지는 못했다. 나와 기적 수업 동료들과의 대화는 늘 이런 식이었다.

"하지만 내 문제들은 다 어떻게 하죠? 그 문제들을 분석하고, 해결해야 하는데."

"그냥 생각하지 말고, 흘려보내요!"

"하지만 선과 악, 옳고 그름은 또 어떻게 하죠?"

"선생님처럼 구는 건 이제 그만둬요".

"하지만……. 하지만……."

서서히 그리고 아주 조금씩 나는 내 믿음과 마음속의 오랜 생각들을 놓아주기 시작했다. 그러면서 내게 이렇게 괴로운 삶을 이어갈 힘이 있다면, 즐길 수 있는 삶을 만들 힘도 있지 않겠느냐는 생각을 하게 되었다. 기적 수업에서는 우리가 완벽한 평화와 완벽한 기쁨을 유산으로 물려받았다고 했다. 무언가를 박탈당했다거나, 무언가가 부족하다는 생각만 포기하면 됐다.

"하지만 너무 힘들어요."

내가 이렇게 절망할 때마다 수업 동료들은 말했다.

"힘든 게 아니에요. 그게 자연스러운 상태죠. 보통사람들이 생각하는 방식과는 매우 다르지만요."

기적 수업에서 나는 매일 거울을 통해 보는 금발의 키 큰 아가씨가 실제의 내가 아니라는 사실도 배웠다. 파란색 도요타를 몰고 국토를 횡단한 우울한 임산부는, 무엇이든 분류하고 한계 짓는 이 세상의 관점에서 본 잘못된 실체에 지나지 않았다.

나는 온통 나 자신에만 초점을 맞춤으로써, 많은 사람들이 신이라 부르는 보다 큰 존재와의 연관성을 완전히 상실하고 있었다. 나는 부서질 듯 나약한 나, 즉 소자아를 중시함으로써, 나 자신을 어떤 한계 속에 가두어버렸다. 그래서일까. 크림을 아무리 많이 발라도, 두 손 두 발로 바닥을 짚고 엉덩이를 높이 들어 올리는 요가 자세를 아무리 많이 해봐도, 베스트셀러 작가 웨인 다이어(Wayne Dyer)의 책을 아무리 많이 읽어도, 내 소자아는 결코 나아지지 않았다.

이 책이 이야기하려는 게 바로 이런 부분이다. 우리를 오랜 세월 동안 소자아의 벽에 가두었던 마음속 생각들을 산산조각내야 한다는 것 말이다. 거울로 만나는 한정된 틀 속의 소자아를 무한한 가능성의 장으로 옮김으로써, 우리는 비로소 본연의 자아에 다가갈 수 있을 것이다.

나는 이 책이 서점에서 자기계발서 코너에 진열될 가능성이 크다는 걸 잘 안다. 그건 상관없다. 그러나 진실을 말하자면, 이 책은 자기계발서가 아니다. 스스로 결정을 내릴 수 있게 도와주는 책도 아니다. 당신 자신이 모든 걸 가장 잘 안다는 사실을 폭로하는 책도 아니다.

  이 책은 모든 것을 손에서 놓는 행위에 대한 책이며, 마음속의 오랜 생각들을 버리는 것에 대한 책이며, 당신이 여태껏 봐온 그 어느 것보다 더 거대하고 대담하고 밝으면서도 그 어느 것보다 더 기이한 힘, 즉 모든 것을 사랑하는 전능한 힘에 굴복하는 것에 대한 책이다. 이 책은 삶 그 자체다. 우리가 아무리 많은 벽을 쌓고 우리가 아무리 심하게 망쳐놔도, 늘 두 팔을 활짝 벌린 채 우리를 기다리고 있는 우리의 삶 말이다.

팸 그라우트

차례

들어가며 … 6

Part 1 가능성의 장은 존재한다

세상이 온통 거꾸로 가고 있다 … 17
2.0 세계관이란 무엇인가 | 당신의 영적 정원은 어떻게 관리되는가 | 놀라운 양자 물리학의 세계 | 당신의 생각이 무엇을 끌어들이는지 보라 | 이것이 바로 우리의 행동 방식이다

1.0 세계관에서 2.0 세계관으로 … 30
갓난아기의 힘 | 당신의 모든 초능력이 사라지고 있다 | 믿음을 버려라

두말할 것 없이 당연한 일 … 45
이젠 색종이 조각을 뿌려도 좋다 | 복습의 시간

Part 2 기적을 일상으로 만드는 9가지 실험

예비 단계: 마법이 일어나게 하는 중요한 지침들 ···75

실제 세계는 그 어떤 실험실보다 좋다 | 제발 방해하라 | 필요한 것은 실천이다 | 가능성의 장으로 향하는 관문 | 나의 블로그 이야기: 나를 완전히 매료시킨 블로그의 세계 | 여전히 초기 설정된 채로 움직이는 가장 위험한 '잘못된 믿음' 5가지

실험1: 일상 속 행복의 문제 ···87

전제 | 깨져버린 공식 | 가치 있는 생각들을 하라 | 고도를 기다리며 | 자, 행복해지자 | 경험이 뒷받침된 증거 | 경험이 뒷받침된 또 다른 증거 | 실험 방법 | 실험 보고서 | 나의 블로그 이야기: 올 한 해, 매직 스크린에 전혀 다른 이야기를 쓰는 데 52만 5,600분을 보내라

실험2: 강력한 믿음의 문제 ···112

전제 | 우주는 절대 당신을 축복하길 멈추지 않아 | 날아오르는 것은 체스보다 어렵지 않다 | 누가 수정 구슬을 필요로 하나 | 우연의 일치, 패턴 그리고 보다 큰 현실 | 경험이 뒷받침된 증거 | 경험이 뒷받침된 또 다른 증거 | 실험 방법 | 실험 보고서 | 나의 블로그 이야기: 당신의 믿음이 우주의 무한한 풍요로움을 차단하고 있진 않은가?

실험3: 바른 판단의 문제 ··· 134

전제 | 우리는 보라고 배운 것만 본다 | 당신의 이야기는 무엇입니까 | 올바른 답이 한 가지만 있는 것은 아니다 | 경험이 뒷받침된 증거 | 실험 방법 | 실험 보고서 | 나의 블로그 이야기: 신기루에 불과한 '부족하다'는 생각을 넘어 신성한 땅으로 가기 위한 최상의 전략 3가지

실험4: 미움과 사랑의 문제 ··· 150

전제 | 벽을 허물어라 | 감사해야 할 또 다른 이유 | 이건 내게 일어난 일 가운데 최고야 | 모든 사람이 당신의 친구다 | 경험이 뒷받침된 증거 | 실험 방법 | 실험 보고서 | 나의 블로그 이야기: 난 아무것도 모른다

실험5: 늘 부족한 돈의 문제 ··· 167

전제 | 벽을 가득 메운 돈, 돈, 돈 | 돈의 늪에서 헤어나오려면 | 경험이 뒷받침된 증거 | 실험 방법 | 실험 보고서 | 나의 블로그 이야기: 선물 경제야말로 참다운 경제다

실험6: 사실과 진실의 문제 ··· 192

전제 | 힘차게 고동치는 지금 | 미디어를 믿지 마라 | 우주는 살아 있다 | 만물과 대화가 가능하다 | 경험이 뒷받침된 증거 | 식물에게 속삭이는 사람이 되라 | 우주와 하나가 되면, 갈등도 사라진다 | 실험 방법 | 실험 보고서 | 나의 블로그 이야기: 사실 vs. 진실

실험7: 말의 위력의 문제 ··· 210

전제 | 말은 승리도 부르고, 패배도 부른다 | 나는 선언한다 | 되고 싶은 대로 말하라 | 또다시 말에서 떨어지다 | 경험이 뒷받침된 증거 | 경험이 뒷받침된 또 다른 증거 | 실험 방법 | 실험 보고서 | 나의 블로그 이야기: 영화 〈행오버〉 3편이 양자 물리학에 대해 가르쳐주는 것

실험8: 생각과 의식의 문제 ··· 229

전제 | 몸집도 크고 힘도 센 우리들 | 모든 사람이 최면에 걸려 있다 | 조그만 흰 알약 이상의 것 | 생각이 밀크셰이크에 미치는 영향 | 경험이 뒷받침된 증거 | 실험 방법 | 실험 보고서 | 나의 블로그 이야기: 질병의 해부학 또는 자아의 비밀 병기

실험9: 기적 창조의 문제 ··· 244

전제 | 조정하라, 그러면 찾을 것이다 | 기적 사고방식 | 경험이 뒷받침된 증거 | 실험 방법 | 실험 보고서 | 나의 블로그 이야기: 와, 드디어 금요일이다

마치며 ··· 261
보너스 실험10: 신나는 파티를 위하여

경험이 뒷받침된 증거 | 실험 방법 | 실험 보고서 | 나의 블로그 이야기: 굶주린 사자와 검투사와 문제들

Part 1
가능성의 장은 존재한다
E - C u b e d

"보이는 세상 밑에, 그것을 떠받치는
보이지 않는 세상이 있다."
— 조지프 캠벨 Joseph Campbell, 신화학자

세상이 온통 거꾸로 가고 있다

"주변을 둘러보라. 모든 게 거꾸로 가고 있고, 모든 게 뒤집어지고 있다.
종교는 영성을 파괴하고, 의사들은 건강을 파괴하고,
정부는 자유를 파괴하고 있다."
– 마이클 엘네르Michael Ellner, 비영리 건강교육단체의 운영자

지금 당신이 무슨 생각을 하고 있는지 잘 안다. 맞다. 이 책은 지금 제멋대로다. 글씨들이 뒤집어져 있거나 아니면 거꾸로 인쇄된 것이다. 당신은 아마 지금 혼자 킥킥거리며, 속으로 '이거 대체 누가 실수한 거야? 인쇄소? 출판사? 누구 잘리는 거 아냐?' 이러고 있을 것이다.

그러니 이 문단에서 빨리 정리해야겠다. 이 페이지는 일부러 거꾸로 인쇄한 것이다. 내가 그렇게 해달라고 했다. 무언가 잘못됐다는 걸 확실하게 보여주고 싶었기 때문이다.

모르긴 몰라도 이런 식으로 글씨가 뒤집어진 이상한 책을 계속 읽는다면, 당신의 세계관까지 뒤집어질지도 모른다. 만일 당신이 지금 이 책을 지하철 안이나 커피숍 안에서 읽고 있다면, 사람들이 당신을 보고 '허, 이런! 이 사람 책을 거꾸로 들고 있네. 글씨도 모르는 바보 천치인가?' 하고 당신에 대해 오해할까 봐 겁이 날 것이다. 그렇다면 2가지만 얘기하겠다.

첫째, 남들이 뭐라고 생각하든, 그건 중요치 않다. 나 같으면 남의 시선에 전전긍긍하며 눈치를 보느니 차라리 가장 가까이에 있는 보도블록을 발로 걷어차겠다. 남들에게 무언가 깊은 인상을 남기고 싶다면, 음흉한 미소를 지으며 페이지를 넘길 때마다 허공을 향해 불끈 쥔 두 주먹을 내질러라. 명심하라. 다른 사람의 생각 따위는 개의치 않고 당신이 생각하고 싶은 대로 생각한다면, 그만큼 더 빨리 자신의 최고선을 향해 발걸음을 내디딜 수 있게 된다.

둘째, 중요한 것은 오직 하나, 당신이 어떻게 생각하느냐다. 말 그대로다. 우리는 생각하는 대로 되게 마련이다. 그러므로 당신은 이 책을 통해 생각을 더 잘할 수 있게 되어야 하고, 의식 또한 업그레이드해야 한다. 그리고 남들보다 빨리 2.0 세계관을 터득해야 한다. 어쨌든 결국에는 모든 사람들이 1.0 세계관에서 벗어나 새로운 현실을 깨닫게 될 것이다. 더 지체할 이유가 있을까?

2.0 세계관이란 무엇인가

"기쁨을 진실로 받아들여라."
— 기적 수업

간단히 말해, 새롭게 업그레이드된 이 2.0 세계관은 현재 당신이 알고 있는 모든 것과는 정반대인, 즉 모든 것이 거꾸로 뒤집힌 세계관이다. 2.0 세계관에는 중요한 원칙이 2가지 있다.

첫째, 에너지가 넘치는 세계 그리고 볼 수도 만질 수도 냄새를 맡을 수도 없는 세계가 존재하며, 이는 다른 모든 것의 토대가 된다. 그러니까 건축용 블록처럼 이것이 만물의 기초가 되는 것이다. 과학자들이 이 에너지 매트릭스(가끔 '에너지 장場'으로 불린다)를 발견한 것은 거의 100년 전의 일이지만, 너무도 많은 새로운 가능성의 문들을 활짝 열어젖힌 이 놀라운 개념의 힘을 제대로 활용하고 있는 사람은 아직도 거의 없다.

그래서인지 100년이 지난 지금까지도 우리 대부분은 물질세계에 집착하고 있다. 이러한 우리의 모습은 애니메이션 〈루니 튠스Looney Tunes〉 시리즈의 주인공 와일 E. 코요테Wile E. Coyote와 닮은 데가 있다. 늘 나름대로 교묘한 계획을 세우고 복잡한 장치를 만들지만, 이 늙고 가엾은 새는 잽싼 새 로드러너Roadrunner를 잡지 못한다. 우리 역시도 모든 것이 이미 정해져 있는 기계적인 세계를 세상의 전부라고 고집스레 믿으면서 영적인 유아 상태에서 벗어나지 못하고 있다. 그러나 우리 대부분의 눈에 보이지 않는 영적인 세계는 우리를 끝도 없고, 경계도 없고, 한계도 없는 거대한 의식과 연결시켜준다.

==둘째, 모든 사람의 삶은 해피엔딩이다.== 비물질적인 세계에서는 모든 것이 상호 협조적이고 사용자 친화적이며, 모두가 승자다. 사실 눈가리개를 벗어던지고 보는 현실 세계는 당신이 생각하는 세계와는 전혀 다르다. '인생은 엿 같고, 결국 우리는 죽지'라는 부정적인 의식으로 덧씌워지지 않은 원래 그대로의 순수한 삶은, 때 묻지 않은 완벽한 사랑으로 이루어진 무한한 가능성의 장이다.

아직도 많은 애통함과 한계와 죽음을 보고 있다는 사실 자체가, 우리가 현실을 전혀 이해하지 못하고 있다는 증거다. 우리는 아주 좁은 폭의 경험에만 집중할 뿐, 오감 너머에 있는 다양한 차원의 경험은 철저히 부정하고 있다. 이 같은 무지로 인해 그간 우리의 세계관은 많은 문제와 두려움 그리고 혹시 잘못될지도 모르는 일로부터 자신을 지키려는 자기 방어적인 생각들 위에 세워졌다. 그렇게 우리는 우리 자신을 우주 전체로부터 분리시켰고, 분리된 개인들로 가득 찬 제한된 세계관을 통해 세상을 보게 되었다.

그 결과, 우리는 고갈되지 않는 거대한 의식을 고작 탈출로를 찾는 데 쓰고 있다. 우리가 최악의 시나리오들을 짜는 데 시간과 노력을 허비할 때마다 진실과 아름다움을 만들어내는 우리의 능력은 손상되고 있다. 그리고 우리가 쓸데없는 걱정을 할 때마다 모든 징표, 기회 그리고 우리의 즐거움을 위해 존재하는 무조건적인 사랑과 우리 사이에 벽이 생겨난다.

어디 그뿐인가. 부정적인 것들이 눈앞에 나타날 때마다(부정적인 것들은 잘 나타나게 마련이다. 우리 의식이 워낙 강력하기 때문이다) 우리는 무언가가 입증됐다고 느낀다. 그래서 씩 웃으며 이렇게 생각한다.

'그것 봐, 내가 뭐랬어.'

그러나 2.0 세계관에서 이제 곧 배우게 되겠지만, '삶은 엿 같고, 결국 우리는 죽지'라는 현재의 패러다임은 한낱 지어낸 이야기에 지나지 않는다. 그러니까 이 말은 4만 년쯤 되려나, 잘은 모르겠지만 좌우지간 아주 오래전부터 우리가 우리 스스로에게 해온 새빨간 거짓말에 지나지 않는다는 것이다.

사람은 아주 어린 시절부터 패배감과 고통의 렌즈를 통해 세상을 보는 훈련을 한다. 그리고 이런저런 문제를 발견하면 칭찬받는다. 삶에서 좋은 것을 기대하고 최상의 결과를 꿈꾸는 것은 현실을 제대로 보지 못하는 위험한 태도로 간주된다. 지나친 낙천주의와 행복을 거부하게 만드는 편견이 이 세상 곳곳에 존재하는 것이다.

우리 삶을 밝게 만들어주어야 할 치료자들조차 우리 스스로 잠재의식의 벽장 안에 숨은 해골들을 보도록 만들고 있다. 그들은 또 우리가 무엇에 집착하고 있는지, 얼마나 큰 고통을 받고 있는지를 새삼 깨우쳐준다. 그러나 이 모든 것은 요즘 인기 있는 좀비 영화들만큼이나 허무맹랑한 이야기다.

당신의 영적 정원은 어떻게 관리되는가

"현실은 누구나 차지할 수 있는 것이다."
– 멜리사 조이Melissa Joy, 매트릭스 에너제틱스 대표

2.0 세계관을 가지게 되면, 당신은 인생이 풍요로움과 기쁨으로 가득하다는 걸 깨닫게 될 것이다. 뿐만 아니라 '행복을 추구하라'라는 말이 자동차 범퍼 스티커에 쓰는 공허하고 상투적인 말이 아니라, 당신 인생의 적절한 행동 계획이라는 것을 깨닫게 될 것이다. 만일 당신의 삶이 풍요로움과 기쁨으로 가득하지 않다면, 에미상을 받은 뉴스 진행자 앤디 코던Andy Cordan의 말마따나 분명 무언가가 잘못돼도 한참 잘못된 것이다. 또한 매일 마법 같은 일이 일어나지 않고, 매일 아침 일어났을 때 열정과 활기를 느끼지 못한다면, 당신은 스스로가 만들어낸 공포영화 같은 삶을 살고 있음이 틀림없다.

그것이 바로 이 책에서 내가 입증하려는 것이기도 하다. 그러니까 낡은 사고방식은 자연스레 사라지고, 보다 업그레이드된 현실이 밀고 들어오게 된다는 것이다. 우리는 말도 안 되는 드라마는 잊고, 우리 스스로 현실이라 믿고 있는 좀비 영화가 실은 따분하고 쓸모없으며 전혀 불필요한 것이라는 사실을 알기만 하면 된다.

나는 당신이 1.0 세계관을 버리고, 뒤이어 내가 소개할 9가지의 실험에 참여해주길 바란다. 적어도 30일간은 그 실험들을 직접 해보면서 당신이 갖고 있는 기존 생각들을 잠시 유보했으면 한다. 다시 말해, 확실하고 절대적이라 믿고 있는 많은 것들을 옆으로 제쳐둘 것을 제안하는

것이다.

나는 이 책의 원천이라고 할 수 있는 나의 이전 책 《E^2》에서 에너지는 우리의 의식이 만들어내는 모든 것에 스며든다고 말했다. 우리의 의식에서 나오는 행동이 개입되지 않는다면, 세상은 영원하고, 계속 변화하는 무한한 가능성의 상태로 유지된다. 우리의 제한된 인식이 우리가 살아가는 무궁무진한 물질세계를 무력화시키는 에너지 구조를 만들어내기 때문에 결국 시시때때로 두려움을 자아내는 조그만 세계 속에 우리가 갇히게 되는 것이다.

그렇게 제한된 현실이 워낙 익숙하다는 이유로, 우리는 이를 너무도 생생한 우리의 현실로 받아들인다. 그런 현실이 우리 스스로 만들어내는 것이라는 사실을 깨닫지 못한 채 달리 선택의 여지가 없다고 느끼는 것이다. '현실'로 교묘하게 위장한 온갖 부정적인 생각과 감정, 기운들은 해리 포터 Harry Potter가 걸치는 마법의 망토처럼 보이지 않는 상태에서 우리를 옥죈다.

많은 사람들이 무언가 잘못될 거라는 생각으로 세상을 바라보고 있지만, 《E^2》에서 말했듯이 나는 무언가 잘될 거라는 생각으로 세상을 보라고 권한다. 그러한 새로운 생각의 패러다임에 적응하는 데 도움을 주기 위해, 나는 《E^2》에서 아이들이 자전거를 배울 때 뒷바퀴에 다는 보조 바퀴들을 제공한 바 있다. 이제 그 단계를 지나 이 책을 통해 당신은 날아오를 준비를 하게 될 것이다.

놀라운 양자 물리학의 세계

"우리는 우리가 관찰하고 있는 이 세계에 아무 영향도 주지 못하는 단순한 구경꾼이 아니다. 그렇게 생각해선 안 된다. 관찰이라는 행위 자체가 창조 행위인 것이다."
— 존 휠러John Wheeler, 이론물리학자

우리는 지금 양자 물리학의 시대에 살고 있다. 그 덕에 전 세계 모든 곳의 사람들과 실시간으로 문자를 주고받고, 레이저 광선만으로 망막 분리 증세를 치료하고, 트위터 등을 이용해 간단히 그루폰Groupon의 할인 쿠폰을 손에 넣을 수 있다. 그러나 우리는 사고 측면에서 그리고 이 모든 새로운 사실들을 적용하는 측면에서는 뒤처져 있다. 여전히 산업 시대의 사고방식에 젖어 있는 것이다. 우리는 우리 의식이 갖고 있는 놀라운 힘을 전혀 활용하지 못하고 있다. 우리의 의식이 세계를 만들어낼 수 있고, 또 실제로 만들어내고 있는데도 말이다.

우리가 새로운 양자 물리학의 시대에 들어선 것은 1세기도 더 됐지만, 우리의 사고는 거의 제자리걸음만 해왔다. 우리는 이 놀랍고 새로운 현실을 일상생활에 적용하는 일을 시작조차 못 하고 있다. 그러기는커녕 '삶은 우리가 만들어가는 것이 아니라, 그저 일어나는 것'이라는 소극적인 의식 속에서 생각과 힘을 낭비하고 있다.

생각이라는 것이 한 차례 바람이 불면 다 사라지는 연기 같은 것이라면, 이렇게 왜곡된 현실관은 사실 별 문제가 되지 않는다. 그러나 생각의 힘은 상상할 수 없을 만큼 강력하다.

마치 무선 신호처럼 생각은 우리의 믿음과 기대를 '양자의 장(나는 이를 '가능성의 장'이라 부른다)'으로 전파시키며, 진동수가 같은 것들을 다시 우리 삶 속으로 끌어들인다. 양자 물리학은 우리가 무언가를 관찰하면, 반드시 그 관찰 행위가 관찰 대상에 어떤 영향을 미친다는 사실을 입증했다. 양자 물리학에서는 그것을 '관찰자 효과'라고 부른다. 이는 우리가 알고 있는 세상 돌아가는 방식을 완전히 뒤엎는 것으로, 정말 흥미로운 사실이 아닐 수 없다. 그것이 의미하는 바는 다음과 같다.

- 우리는 스스로가 생각하듯 3차원 현실에 얽매여 있지 않다.
- 우리는 무력한 희생자들이 아니다.
- 우리가 다가오기를 학수고대하는 다차원의 세계가 있다.

현재 우리가 알고 있는 것은 '저 바깥쪽 대상 세계'로 보이는 모든 것이 실은 '이 안쪽에 존재하는 것'의 반영에 지나지 않는다는 사실이다. 여기서 말하는 '이 안쪽에 존재하는 것'이란 관찰의 주체인 우리의 의식을 뜻한다.

당신의 생각이 온통 기쁨과 사랑과 평화로 차고 넘친다면, 당신의 삶 또한 그렇게 될 것이다. 그러나 당신의 의식이 내내 고통과 비애와 의심의 소리를 내보내는 가상의 라디오 방송국에 주파수를 맞추고 있다면, 당신은……. 그다음은 굳이 내 입으로 말하지 않아도 당신이 더 잘 알 것이다.

당신의 생각이 무엇을 끌어들이는지 보라

"사람들은 자신이 믿고 있는 '세계의 질병들'을 치유하는 온갖 방법을 고안해 왔다. 그러나 그들은 정작 그 질병들의 실재 여부에 대해서는 의심조차 하지 않는다."
- 기적 수업

우리의 의식은 자신이 잡은 다람쥐나 새를 자랑스레 현관 앞에 갖다 놓고, "이봐요, 못난 주인! 내가 당신에게 뭘 갖다 줬나 봐요"라고 혼잣말을 하는 집고양이와 같다.

당신의 생각들이 이런 영향력을 행사한다는 게 정말 놀랍지 않은가. 당신과 당신의 상상력이 당신이 바라는 거의 모든 것을 만들어낼 수 있다는 뜻이니 말이다. 당신의 생각을 양자의 장에 정찰병으로 내보내면, 그것이 모든 종류의 부를 들고 오는 것이다.

그러나 당신의 세계관과 당신 자신과 그 외의 모든 것이 과거에 집중한다면, 즉 당신이 어제 일어난 일들에서 벗어나지 못하고 모든 게 부족하고 한정적이라는 구시대적인 생각에서 벗어나지 못한다면, 당신의 생각은 집고양이처럼 죽은 다람쥐 같은 것들을 물어올 것이다. 당신의 생각이 세상의 풍요로움을 즐기고 하루하루를 기뻐 춤춰야 할 새로운 기회로 보는 게 아니라, 오래되고 부패해 구더기가 들끓는 다람쥐들이나 물어올 것이란 이야기다.

쾅 발을 구르며, 나는 당신에게 "그만해!"라고 소리 지르고 싶다. 그러나 그렇게 하는 대신 나는 이 책을 썼다.

이것이 바로 우리의 행동 방식이다

"이봐, 더 높이 보자고."
— 타마 키에브스Tama Kieves, 전 변호사이자 현 인생 상담 코치

우리 모두가 하나이고, 세계는 이상하리만치 상호 협조적이고 풍요로 우며, 사랑이 모든 문제의 최종 해답인 현실. 그런 현실이 지금 세계 곳곳의 개인들, 그러니까 자리에서 떨쳐 일어나 "이건 절대 옳지 않아. 무언가 더 나아져야 해!"라고 외치는 사람들의 마음속에 나타나기 시작했다.

내가 보기에 우리가 알아야 할 사실은 단 2가지다.

- 우주는 우리 편이다.
- 모든 것이 잘 풀릴 것이다.

잘못된 생각에 빠져 있는 우리가 무한한 가능성의 장에 미리 정찰병들을 보내 무언가를 가져오게 한다는 건 멋진 책략이다. 그렇다. 그래서 나는 당신에게 첫 책에 이어 이번 책에서 에너지 실험 9가지를 더 제시하려 한다. 의욕 넘치는 독자들의 경우, 잔에 담긴 물을 까베르네 포도주로 변화시키는 실험까지 해보게 될 것이다.

일련의 실험들은 무엇보다 당신이 무언가 다른 것들을 찾기 위해 정찰병(즉 당신의 믿음, 전능한 진동파)을 내보내고, 그래서 기쁨이 당신의 자연스러운 상태이며 기쁨이 이 세상을 밝혀줄 등대가 되어야 한다는

사실을 깨우치도록 하는 데 초점을 맞춘다. 기쁨을 누리고 기분 좋은 상태가 되는 것만이 당신이 이 세상에 온 목적이다. 그것이 모든 것의 비밀이다.

나는 《E^2》을 사실 2005년에 썼다. 당시 그 책은 《신에게는 모든 게 잘 안 풀리는 날이란 없다 God Doesn't Have Bad Hair Days》란 다른 제목으로 출간됐고, 뒤이어 유사한 내용의 책들이 쏟아져 나왔다. 그러나 내 기대와 달리 그 책은 대중들을 사로잡지 못했고, 곧 절판되면서 그 많은 잊힌 책들 중 한 권으로 전락했다. 나는 그 책에 집착하지 않고, 즉시 백기를 들었다.

'좋아. 시간이 좀 더 필요한 모양이지.'

곧 나는 〈내셔널 지오그래픽 National Geographic〉을 위해 여행서 3권을 쓰는 일에 뛰어들었다.

그러다 2013년, 나는 먼지가 가득 쌓인 그 책을 찾아내어 새로운 제목을 붙인 뒤 이런 책들을 전문으로 내는 출판사 헤이 하우스 Hay House에 보냈다. 그렇게 재출간된 《E^2》은 센세이셔널한 반응을 불러일으키며 순식간에 베스트셀러로 떠올랐다. 《신에게는 모든 게 잘 안 풀리는 날이란 없다》와 《E^2》은 제목은 다르지만, 근본적으로 같은 책이다. 그런데 왜 하나는 댄스 플로어로 나가다 넘어져버리고, 다른 하나는 멋진 왈츠를 선보이며 일약 국제적인 스타덤에 올랐을까?

내 생각은 이렇다. 우선 'E^2'이라는 제목이 '신에게는 모든 게 잘 안 풀리는 날이란 없다'보다 더 사람들의 눈길을 끈 것 같다. 타이밍도 좋았던 것 같다(사람들의 의식 등도 진보했으니까). 그러나 내가 내보내는 진동이 변했고, 내 의식이 업그레이드된 것이 가장 중요한 차이가 아니었나 싶다. NBC의 인기 버라이어티 쇼 〈SNL〉에 나오는 한스Hans와 프란츠Franz처럼 나는 내 기쁨의 채널에 이런 말을 했다.

"내가 힘을 불어넣어 줄게."

나는 내 의식의 파이프를 꽉 막고 있던 부정적인 사고의 잔가지들을 모조리 걷어냈다. 당시 나는 끝없는 기쁨 속에서 살고자 애썼다. 그리고 내 삶 속에서 온갖 축복을 보기 시작했다. 그 축복들은 영화 〈나이트메어Nightmare〉에 나오는 살인귀 프레디 크루거Freddy Krueger처럼 지금도 집요하게 나를 따라다니고 있다.

그처럼 행복한 상태가 되자, 내 생각들의 반영에 지나지 않는 외부 세계가 전혀 다른 모습으로 다가오기 시작했다. 나는 마침내 여기저기서 기적이 일어나고 있는 걸 목격할 수 있었다.

1.0세계관에서
2.0세계관으로

"전통적인 인간 권력 구조와 암흑 통치가 쓸모없는 것으로 변하려 하고 있다."
– 버크민스터 풀러Buckminster Fuller, 건축가

내가 즐겨 하는 이야기 중에 늘 갓 태어난 여동생과 단 둘이 있으려고 해 부모들 애를 태운 네 살짜리 남자아이 조니Johnny 이야기가 있다. 육아 지침서를 열심히 읽는 조니의 부모는 아이들 둘만 있게 하는 것이 좋은 생각인지 확신할 수가 없었다.

"그 애가 동생을 꼬집으면 어떻게 해요?"

부모들 중 한 사람은 이렇게 말했다. 그러고는 곧 남매 간 갈등을 최소화시켜주는 전략을 주제로 열띤 토론을 벌였다. 심지어 그들은 이런 걱정도 했다.

"그 애가 동생 입과 코를 막으면 어쩌죠?"

그러나 부모의 걱정에도 불구하고 조니는 물러서지 않았다.

"동생과 난 꼭 해야 할 중요한 얘기가 있단 말이에요."

조니는 그렇게 주장했다. 결국 조니의 부모는 조니 혼자 동생 방에 들어가는 걸 허락한 뒤, 밖에서 몰래 지켜보기로 했다.

조니는 갓 태어난 어린 여동생을 사랑스러운 눈으로 내려다보더니, 아기 침대 위로 몸을 숙이며 진지한 어조로 이렇게 말했다.

"하나님에 대해 말해줄래? 난 이제 잘 기억이 안 나."

아직 신적인 고상함을 잃지 않은 채 1.0 세계관 적응 훈련을 받고 있던 네 살짜리 아이가, 인간 세계를 지배하는 문화 패러다임의 틀 속에 구겨 넣어지기 직전 마지막으로 영적인 숨결을 내쉬고 있었던 것이다.

갓난아기의 힘

"나는 스팽스가 진짜 싫다. 너무 꼭 껴서 어떤 부분의 살을 빼야 하는지 알 수가 없다니까."
— 제니퍼 쿨리지Jennifer Coolidge, 영화배우

몸에 꼭 끼는 보정 속옷 스팽스를 입어본 적 있는 여성이라면, 1.0 세계관의 현실을 이해할 수 있을 것이다. 우리는 그간 커다랗고 아름다운 우리 자신을, 그러니까 환히 빛나는 다차원의 우리 영혼을 몸이라는 이름의 빡빡하고 불편한 의복 안에 억지로 구겨 넣어왔다.

1.0 세계관을 채택해 삶에 적용하는 건 어려운 일이 아니다. 우리를 둘러싼 문화적 전통에 맞춰 생활하는 것도 어려운 일이 아니다. 문제는

그런 믿음과 전통에 한계가 있을 수 있다는 것이다.

어린 시절에는 모든 것을 주변 어른들에게 맞추게 마련이다. 어른들이 좋아하는 게 무엇인지 살피면서, 그들이 어떻게 행동하고 어떤 것을 싫어하며 어떤 것을 칭찬하는지도 본다. 무엇이 아름다운 것이고, 무엇이 그렇지 않은지를 배운다. 또한 돈이라는 이름의 신에 대해 어떻게 생각하고, 어떻게 느껴야 하는지도 배운다. 몸이 아플 때면 곧 어른들에 이끌려 의사를 만나고, 그러면서 자신을 치유하는 데 외부의 도움이 필요하다는 것도 배운다.

처음 세상에 태어난 순간의 아기는 그 자체가 거대한 '사랑 발생기'다. 눈에 띄는 에너지와 비할 데 없이 큰 기쁨을 사방으로 발산한다. 어린아이는 조건 없는 사랑이라는 고유의 특수 음파를 방출한다는 점에서 돌고래와도 흡사하다. 조건 없는 사랑이라는 그 특수 음파는 우리 문화의 치유되지 않은 장소들, 즉 불신이 자라나거나 기쁨이 배척되는 장소들에 부딪치곤 한다. 그러면 이 음파는 튕겨져 나와 우리에게 낯선 신호, 즉 '사랑과 거리가 먼' 신호를 보낸다. 이런 식으로 끝없는 우리의 기쁨이 이 세상의 경직된 믿음과 '걸쭉한' 감정들에 부딪히면서, 우리는 곧 이 세계 문화의 에너지와 믿음, 생각들에 적응하는 법을 배운다.

우리는 더없이 아름답고 명료한 우리의 사랑 에너지를 그것이 흐를 수 있다고 교육받은 곳으로만 흐르게 한다. 이로써 우리의 사랑 에너지는 그 외 다른 곳에서 전혀 힘을 못 쓰게 된다. 소위 '올바른' 에너지 주파수 법칙들을 조금씩 배워나가며, 결국 진정한 우리의 상당 부분은 빛을 잃고 일부만 빛을 발하게 되는 것이다.

갓난아기 시절에 우리는 모든 것을 사랑하며, 특히 부모님을 아주 많이 사랑한다. 그래서인지 부모님이 무심코 자신의 힘과 에너지의 상당 부분을 잘라내는 모습을 보이면, 그대로 따라 한다. 부모님을 사랑하는 데 필요한 일이라면 무엇이든 하는 것이다. 그러나 우리의 내면 중심에는 아직 때 묻지 않은 순수한 사랑이 남아 있다.

혹 오해할지 몰라 하는 말인데, 나는 지금 우리 부모님들을 탓하자는 게 아니다. 그분들은 자신이 내보내는 사랑 초음파, 자신이 받는 메시지와 관련해 최선을 다했다. 그들 역시 한때는 갓난아기였으니까.

당신의 모든 초능력이 사라지고 있다

"우리가 우리의 음울한 이야기를 중단할 때 (…) 비로소 모든 것이 주어질 것이다."
– 알베르토 빌롤도 Alberto Villoldo, 심리학자이자 주술사

다섯 살 이전의 아기는 보고 듣고 경험하는 거의 모든 것들을 진공청소기처럼 빨아들인다. 그 나이 때 뇌는 과학자들이 말하는 이른바 '세타파 theta waves' 상태에서 움직인다. 그것은 급속 안구 운동이 일어나는 렘 REM 수면 상태 또는 최면 상태와 비슷한 것으로, 언어와 가족 관계를 비롯해 물질세계에서 살아나가는 데 유용한 것들을 익히는 데 큰 역할을 한다. 이 정신적·감정적·물질적 틀이 일종의 프로그래밍으로서 우리

삶을 움직인다. 그러나 이는, 예를 들어 우리가 자동차를 운전한다거나 (이 때문에 우리는 자동차 핸들을 잡을 때마다 처음부터 다시 운전하는 법을 배울 필요가 없는 것이다) 칫솔질을 할 때는 아주 유용하지만, 우리와 더 높은 영역들과의 연결은 철저히 단절시켜버린다.

가정과 문화 그리고 과거의 경험에서 배운 규격화된 교훈들에 의존함으로써, 당신은 지금이라도 당장 쓸 수 있는 넘치는 잠재 에너지를 쓰지 못하고 있다. 모든 순간 세상에는 위대한 물질이 존재하며, 그 물질은 언제든 선함과 마법과 축복을 통해 폭발할 준비가 되어 있는데 말이다. 낡고 때때로 부적절한 문화 패러다임을 되풀이해 적용함으로써, 당신은 마법을 놓치고 삶에 생명력을 주는 소중한 데이터들, 즉 당신의 내면에 있는 비물질적인 자아로부터 쏟아져 나오려 애쓰는 데이터들을 철저히 간과하고 있다. 결국 당신은 제한적이고, 자기 방어적인 인식의 거미줄에 붙들려 꼼짝도 못 하고 있다.

현재의 순간에 충실하지 못할 때면, 우리를 속박하는 낡은 사고 습관들이 끼어들어 우리의 생각과 행동과 믿음에 영향을 준다. 그런 습관들은 특히 당신이 행복해지려 하거나 꿈을 이루려 노력할 때 모든 걸 망친다. 마치 지하실에 숨어 사는 쥐처럼 당신의 잠재의식 깊숙이 묻혀 살다가 당신이 현재의 순간에 충실하지 못할 때마다 삶에 개입해 교묘한 장난질을 한다. 내 친구 제이(Jay)는 그것들을 '믿음 체계(belief system)'라 부른다. 불행히도 우리가 우리 삶을 설명하고 확인하고 다루는 데 사용하는 프로그램들은 모두 이런 잘못된 믿음 체계들에 기반하고 있다.

스마트폰의 배터리 소모를 줄이고 싶다면, 어떻게 하겠는가? 동시에 많은 프로그램이 돌아가지 않도록 수시로 확인하고, 필요없는 프로그램들을 닫으면 된다. 그 모든 프로그램과 애플리케이션들은 전부 다른 주파수를 갖고 있으며, 서로 경쟁적으로 배터리를 소모시키기 때문이다. 마찬가지로 우리는 초등학생 때부터 "수학을 파고들어야 해. 넌 예술 쪽에는 재능이 없어" "지금은 그걸 살 돈이 없어" 같은 말들로 믿음 체계를 주입받으며 배터리를 소모시켜왔다. 이러한 믿음 체계들이 당신의 잠재의식을 장악한 채, 당신의 에너지를 관리하며 고갈시키고 있는 것이다.

밈을 버려라

"이 영적 진리는 현재 우리 문화의 가치나, 그에 기초한 사람들의 행동방식과는 180도 다르다."
– 에크하르트 톨레Eckhart Tolle, 《지금 이 순간을 살아라The Power of Now》의 저자

우리의 믿음 체계는 현재의 우리를 규정하는 데 워낙 중시되는 편이어서, 우리는 그에 대해 어떤 의문도 제기하지 않는다. 우리는 그런 믿음들을 신처럼 여기고 두려워하며 신뢰해, 그야말로 한마디의 항의도 없이 철저히 순응한다. 이처럼 당연시되는 믿음들을 진화 생물학자 리처드 도킨스Richard Dawkins는 '밈meme'이라 불렀다. 이는 '모방을 통해 습득되는 비유전적 문화 요소'라는 뜻으로, 한 문화권 안에서 어떤 사상과 행

동과 스타일들이 어떻게 한 사람에게서 다른 사람들에게로 전파되는지를 설명해주는 개념이라 할 수 있다. 밈은 마치 바이러스와 같아서 살아가는 동안 내내 그 거짓 촉수들을 자가 복제하고, 돌연변이를 일으키고, 믿음을 왜곡시킨다. 그러나 우리 대부분은 그 밈들이 삶에 얼마나 큰 영향을 미치는지 알지 못한다.

밈들은 기억에서 완전히 잊힌 물건들이 잔뜩 들어 있는 서랍과 흡사하다. 잉크가 다 말라버린 펜, 녹슨 가위, 누가 보냈는지 기억조차 나지 않는 생일 카드들, 대체 무엇을 여는 데 썼는지 알 수 없는 열쇠 따위들이 들어 있는 서랍 말이다. 자신의 현실을 깨끗이 정리하고 싶은 사람이라면, 먼저 그 서랍을 정리할 필요가 있다. 그리고 그 잡동사니들 가운데 어떤 것이 자신을 포함한 지구 상의 거의 모든 사람들이 엄연한 삶의 현실이자 불변의 진리로 여기는 밈들인지 파악해야 한다. 믿음 체계는 얼핏 보기에는 아주 대단한 것 같지만, 일단 그 실상을 알고 나면 별것 아니다.

이제 1.0 세계관에서 가장 흔히 목격할 수 있는 12가지 밈들을 소개하고자 한다. 마음 단단히 먹고 이 12가지 밈들, 즉 1.0 세계관들과 맞서 싸워야 한다. 어쩌면 가수 비욘세Beyonce의 노래 '싱글 레이디Single Ladies'에 나오는 노랫말처럼 이것들에 반지를 끼워주어야 할지도 모르겠다. 당신은 이미 이것들과 약혼자처럼 긴밀한 관계를 맺고 있으니 말이다. 12가지의 1.0 세계관 바로 뒤에는 2.0 세계관의 관점에서 본 진실, 즉 당신의 낡은 믿음들을 부끄럽게 만들 진실이 제시될 것이다.

==1.0 세계관: 세상은 위협적인 곳이다.== 우리는 갑옷으로 단단히 무장한 채 이 세상의 테러리스트들, 그 어떤 항생제도 듣지 않는 슈퍼 박테리아들, 적대적인 계모들에 맞서 싸워야 한다. 아, 물론 좀비들도 상대해야 한다.

==2.0 세계관: 두려워할 것은 아무것도 없다.== 기적 수업에서는 거듭해서 이런 말이 나온다. "우리는 고통과 죄가 실재한다는 말도 안 되는 믿음으로 우리 스스로에게 무거운 굴레를 씌운다. 그러나 고통은 아무 목적도 없고, 이유도 없고, 힘도 없어 무엇 하나 할 수 있는 게 없다."

==1.0 세계관: 삶은 내 의지와 아무런 관계가 없다.== 나는 아무 죄 없는 구경꾼이며, 환경이나 날씨, 질병 혹은 신체장애 때문에 큰 손해를 보는 피해자다. 외적인 요소들은 끊임없이 나를 위협한다. 내가 할 수 있는 최선의 행동은 그런 외적인 요소들에 대처하는 법을 배우는 것이다.

==2.0 세계관: 삶은 나로부터 나온다.== 나는 내 생각과 믿음, 에너지 넘치는 주파수를 가지고 직접 세상을 창조한다.

==1.0 세계관: 일들은 일어나게 마련이다.== 그래서 나는 늘 마음이 안 좋다. 우리가 갖고 있는 생각과 감정 대부분은 우리가 자라난 문화에 의해 프로그래밍되어 있다. 우리는 아주 어린 시절부터 훈련을 통해 어떤 것이 우리를 행복하게 만드는지, 어떤 일에 어떤 감정이 일어나는지, 우리의 기분을 어떻게 통제해야 하는지에 대해 배운다. 훈련을 통해 불

행한 감정들을 경험하는 것을 배우고, 그런 불행한 감정들에 대해 외부 탓을 하는 것을 배우고, 그 모든 부당함에 대해 소리 지르고 신음하는 것을 배운다. 그러면서 좋은 일을 기대하지 않는 법도 배운다. 사실 책임감 있는 사람들이라면, '늘 엿 같은 일들이 일어나지만, 받아들일 수밖에 없다'는 것을 잘 안다. 최근 나는 가족 중 한 사람이 죽는 일을 경험했다. 알다시피 죽음은 아주 괴로운 사건이다. 그러나 열두 살이 안 된 어린아이들이 죽음을 보는 시각은 어른들과 다른 것 같다. 물론 그 아이들도 부모들이 애통해하는 모습을 지켜보면서 곧 정해진 대본에 따라 '죽음은 슬픈 일이며, 그래서 슬퍼하는 표정을 지어야 한다'는 걸 배우게 된다. 우리는 사람들을 실망시키거나 다른 사람들로부터 미움을 받거나 몸이 아프거나 가난한 것 등에 대해 신경 쓰고 걱정하는 훈련도 받는다. 심지어 병원균과 발암 물질, 전자레인지, 플라스틱 용기, 방부제는 물론 휴대전화 사용 등에 대해서도 신경 쓰고 걱정해야 한다고 훈련받는다.

2.0 세계관: 그런 훈련들을 받지 않았다면, 기쁨이 내 자연스러운 상태가 되었을 것이다. 작가이자 뛰어난 연설가인 에스더 힉스Esther Hicks는 이런 의문을 제기한 적이 있다. "우리는 왜 전쟁 영웅들의 조각상만 세우는 걸까요? 위대한 서퍼surfer들의 조각상은 어디 있죠?"

1.0 세계관: 신은 내 밖에 있는 독립체다. 보잘 것 없고 하찮은 나는 지엄하신 그분의 자비심에 호소해야 한다. 간절히 기도하면, 어쨌든 그

분이 시간을 내 나의 청을 들어주실 테니까. 하지만 과연 그럴까? 그분은 굶주린 이 세상 사람들을 돕는 일만으로도 정신없이 바쁠 텐데.

 2.0 세계관: 신은 일종의 상태이며, 내 안을 흐르고, 나를 지탱해주며, 빛으로 나를 감싸는 사랑의 에너지다. 뭐라고 정의하거나 말로 옮기는 것이 불가능하지만, 미국 시인 스티븐 미첼Stephen Mitchell이 말한 이 '빛나는 X'야말로 모든 것을 존재하게 하는 현실이다.

 1.0 세계관: 내가 할 일은 옳고 그른 것, 검은색과 흰색을 판정하는 것이다. 미국 코미디언 길다 래드너Gilda Radner가 즐겨 말하듯 무엇이든 다 나름대로 중요하다.

 2.0 세계관: 내가 할 일은 비판하는 것이 아니라, 창조하는 것이다. 무언가를 판정한다는 것은 능력 밖의 일이다. 무언가를 판정하려 하는 순간, 우리는 내면에서 밖으로 나오려 하는 무한한 가능성의 장을 막아버리게 된다. 비판하는 것도 우리가 할 일이 아니다. 판정이나 비판이라는 그 불편한 '보정 속옷'을 걸치고 있는 한 우리는 큰 그림을 볼 수 없게 된다. 지극히 주관적이고 제한된 뷰파인더를 통해 세상을 보면서 '우주의 지배자' 같은 역할을 하려 하기 때문이다. 이는 코끼리 꼬리를 잡은 맹인이 그 거대한 동물을 완전히 이해했다고 생각하는 것만큼이나 어리석은 일이다. 무언가를 비판하기 시작하면, 창조하는 걸 멈추게 된다. 무언가를 판정하고 무언가에 딱지를 붙일 때, 우리 의식 속에 집어넣으려는 것들에는 제한이 생겨나고 만다.

1.0 세계관: 나는 생각한다. 그러므로 나는 존재한다. 데카르트가 한 말을 그대로 옮기자면, 코기토 에르고 숨$^{Cogito\ ergo\ sum}$.

2.0 세계관: 내가 어찌 생각하든 그것은 별 상관이 없다. 뭐라고? 생각대로 된다는 것이 이 책의 전체 논지 아닌가? 그렇지 않다. 우리 생각은 피크닉 담요 위를 줄지어 기어가는 무해한 개미들과 비슷해서, 일부러 한군데로 끌어모으거나 뚫어지게 바라보거나 현실로 바꿔버리지 않는 한 왔다가 가고 물 흐르듯 금방 지나간다. 그러나 우리가 우리 생각에 관심을 두면, 그 생각은 곧 현실이 된다. 우리는 어떤 생각에 집중할 것인지, 어떤 생각이 힘을 갖게 할 것인지를 결정한다. 그렇게 일단 어떤 생각에 에너지를 집어넣을 경우, 그 생각은 똘똘 뭉쳐 덩어리가 되고, 급기야 현실의 일이나 사물로 변하게 된다.

1.0 세계관: 고통 없이는 얻는 것도 없다. 이 말은 우리가 시련을 통해 배우고, 변화한다는 말로 바꿀 수도 있다. 고통과 시련이 필요하다는 생각은 그야말로 살아 있는 신화처럼 여겨져, 우리 문화 깊숙이 뿌리내리고 있다. '엿 같은 인생' 패러다임에 맞춰 사는 데 워낙 익숙해진 우리는 머릿속에 그 외의 다른 현실, 즉 행복한 현실이 가능하다는 생각을 아예 하지도 못한다. 그저 고통과 외로움과 두려움 속에 살아가는 것이다. 늘 그렇게 살다 보니, 삶을 즐거운 모험으로 보는 것은 불가능하거나 자연스럽지 못한 일로까지 여기게 된다. 그러나 우리 삶에는 분명 행복한 일들이 있을 수 있다. 그것을 믿어야 한다. 사실 우리는 휴가

나 생일, 퇴근 후의 여가 시간을 학수고대하지 않는가. 그러나 1년 내내 행복할 수 있다는 사실을 믿으려면, 커다란 발상의 전환이 필요하다. '엿 같은 인생' 패러다임은 그야말로 잘못된 습관, 즉 부모들이 우리에게 '나이에 맞게 처신하라'고 처음 말한 이후 끊임없이 반복해온 잘못된 습관에 지나지 않는다. 그러나 늘 고통을 예상하며 사는 것은 세상을 극도로 무책임하게 바라보는 행위다.

2.0 세계관: 굳이 기를 쓰고 매달릴 이유가 없다. 실제로 우리는 그 무엇에든 기를 쓰고 매달릴 필요가 없다. 마음을 비운 채 모든 걸 손에서 놓고 우주의 흐름에 맡기면, 더 위대한 힘이 나타나 우리 대신 모든 세세한 부분들을 다 처리해줄 것이다. 기적 수업에서는 1.0 세계관에서의 관점을 '옥좌'라고 묘사하는데, 일단 그 옥좌에서 근심, 걱정을 제거하고 마음을 비우면 자연스러운 깨달음에 도달하게 된다.

1.0 세계관: 내 결점과 문제를 직시하고, 이를 개선하기 위해 노력하는 것이 중요하다. 바보 같은 웃음일랑 깨끗이 지워버려라. 인생은 전혀 우스운 것이 아니다.

2.0 세계관: 나는 내가 원하거나 필요로 하는 모든 것들을 이미 다 갖고 있다. 당신 눈에 결점과 문제가 보이는 이유는 단 하나, 당신이 계속 단점과 문제들을 찾고 있기 때문이다. 새로운 패러다임에서는 인생이 즐거운 게임이며, 즐거움은 노는 데서 나온다. 롤러코스터를 타다 싫증이 나면, 다음에는 물이 흐르는 미끄럼틀을 타면 된다.

1.0 세계관: 나와 당신은 함께 이 세상과 싸우고 있다. 그런데 나는 당신이란 사람에 대해 확신할 수가 없다. 대체 당신은 지금 무슨 생각을 하고 있는가?

2.0 세계관: 우주는 내 편이며, 끊임없이 내게 각종 축복과 선물과 증표를 보내주고, 나를 인도해준다. 우리의 형제와 자매들에 대해서라면, 44페이지에 있는 추천장을 참고하라.

1.0 세계관: 모든 일은 내가 직접 해야 한다. 끝없이 일하고, 고군분투하고, 노력해야 한다.

2.0 세계관: 할 일은 오직 하나, 나의 기쁨을 좇는 것이다. 나머지는 전부 우주가 처리해줄 것이다. 한계가 있다거나, 무언가가 부족하다는 것은 우리가 지어낸 이야기다. 새로운 패러다임에서는 현실을 무리하게 조작하는 것이 역효과만 낳을 뿐이다. 무한한 가능성의 장은 눈에 보이지 않지만(그래서 어떤 사람들은 우주를 믿는 걸 힘들어하지만), 현실에 무리한 요구를 하거나 불평불만을 늘어놓거나 끙끙 앓기만 할 때보다 그것을 믿고 따를 때 훨씬 더 눈에 띄는 강력한 결과를 보여준다. 한 발 물러서서 우주의 힘에 당신 자신을 연결한다면, 모든 일이 선선히 풀려나갈 것이다.

1.0 세계관: 나는 변화해야 한다. 그러나 변화는 두렵다. 변화하는 건 어렵다. 도와주세요!

2.0 세계관: 내가 언제 어떤 것을 믿든 나는 그것을 뒤집을 수 있다. 실제로 뒷면(예를 들어 부족함의 뒷면은 풍요로움이다)은 진작부터 있었다. 당신이 그것을 보지 못하는 이유는 단 하나, 당신이 주파수를 부족함에만 맞추고 있기 때문이다. 여기서 우리가 꼭 기억해야 할 것이 있다. 어떤 현실이 존재한다고 해서 그 현실이 다른 어떤 현실보다 견고하고, 틀림없고, 권위 있는 건 아니라는 점이다. 모든 물리적인 현실은 수명이 짧고 유동적이다. 2.0 세계관에서는 어떤 특정한 현실에 관심을 가지면, 그 현실이 실제로 나타난다. 그리고 그 현실에 더 관심을 두지 않으면, 그 현실 역시 눈 녹듯 사라진다. 그 어떤 현실도 당신에게 절대적인 권위를 갖지 못한다. 어쨌든 현실을 창조하는 건 당신이니까.

1.0 세계관: 정말 선해지려면 열심히 노력해야 한다. 이렇게 바꿔 말할 수도 있다. "어떤 인간이든 죄를 지었으며, 또 신의 영광에는 미치지 못한다."
2.0 세계관: 나의 소중함 또는 가치는 위태롭지 않다.

이상의 12가지 1.0 세계관 중 필요한 것은 전혀 없다. 이 1.0 세계관들만 제외하면, 우리 앞을 가로막을 장애물은 전혀 없다. 이제 느긋하게 뒤로 기대앉아 비행을 즐기면 된다.

_____에 대한 추천장*

관계자에게:

_____는 정말 좋은 사람입니다. 조금만 사랑해주고 조금만 이해해준다면, 그/그녀는 아주 놀라운 일들을 해낼 것입니다. 물론 그/그녀도 그간 몇 가지 실수를 저질렀고, 몇 가지 어리석은 짓도 했을 것입니다. 그러나 그/그녀에게는 줄 수 있는 사랑도 많고, 세상을 뒤바꿔놓을 아이디어도 많습니다. 어떻게 해서든 그/그녀를 머릿속에 잘 기억해주십시오.

그리고 최대한 빠른 시일 안에 그/그녀를 당신의 친구로, 또 흉금을 털어놓을 사람으로 채용해주십시오. 기다리지 마십시오. 망설이지도 마십시오. 두려워할 것은 아무것도 없습니다. 이 사람은 절대 놓쳐선 안 될 보물입니다.

친애하는 팸 그라우트 드림

---

*지구 상에 살고 있는 사람이라면 누구든 상관없다. 빈칸에 떠오르는 사람의 이름을 써 넣어라.

두말할 것 없이
당연한 일

"이봐, 미안하지만, 내가 마술을 부렸거든. 손가락 끝에 시가 열렸지."
– 찰리 신Charlie Sheen, 영화배우

@Beastyboy90이 @PamGrout에게: 제가 다니는 타이 복싱 체육관 안에서 한겨울에 나비를 봤어요. 믿어지세요?
@Pam Grout: 전혀 놀랄 일도 아니에요. 피비 말마따나 "당연하죠!" 나머지 실험들도 해보면서 멋진 시간 보내세요.

나는 이 장에 각별히 큰 애정을 갖고 있다. 시트콤 〈프렌즈Friends〉에 나오는 피비 부페이Phoebe Buffay는 누군가가 자신의 훌륭한 마사지나 감동적인 노래에 대해 칭찬할 때마다, 자신에 찬 어조로 "당연하죠!"라고 말한다. 이 말이야말로 이 책에 실린 실험들이 효과를 발휘할 때마다 너무 놀라 아무 말도 못하는 당신에게 내가 해주고 싶은 말이다.

내게는 캐비닛들마다 차고 넘칠 정도로 많은 증거가 있다. 당신이 우주에 원하는 무언가를 주문할 때 시야를 가리는 이런저런 장애물들을 치워버리는 순간, 바로 그 주문한 것이 나타난다는 증거 말이다. 세상이 늘 당신 편이라는 걸 믿기만 한다면, 당신은 즉시 파티를 시작할 수 있는 것이다.

그러나 파티 시작을 알리는 색종이 조각들을 뿌리기에 앞서, 한 가지 질문을 해야겠다. 이는 당신 자신에게 던져야 할 중요한 질문이기도 하다. 당신은 대체 왜 놀라는가?

여기 이 미친 세상에는 모든 다이얼을 조정하는 어떤 존재가 있다. 그 존재는 당신이나 나보다 훨씬 더 위대하다. 그리고 《E^2》에 소개된 실험들이 그것을 입증해주었길 바라지만, 위대한 그 존재는 우리가 눈으로 보거나 만질 수 있는 그 어떤 것보다 훨씬 더 즐거운 것이다. 위대한 존재는 엄청난 우주 에너지다. 우리가 그 에너지의 흐름과 연결되기만 한다면, 온갖 좋은 것들이 우리를 향해 쇄도할 것이다. 그것은 아주 자연스러운 일이다.

당신이 쉬지 않고 흐르는 이 놀라운 은총과 기적의 물줄기를 알아보지 못하는 이유는 단 하나, 당신이 다른 쪽을 바라보고 있기 때문이다. 1.0 세계관에서는 아마 그런 당신이 현실을 객관적으로 보는 공정한 사람이라고 추켜세울 것이다. 그러나 2.0 세계관에서는 다르다. 우리는 무언가 안 좋은 일이 끝날 때까지 다른 일도 하지 못하고 마냥 기다리는 무력한 희생자들이 아니다.

우리 눈에 보이는 세상은 우리에게서 나오는 것이다. 우리가 무언가를 볼 때는 그것에 어떤 형태로든 영향을 주게 된다. 그런 식으로 끊임없이 우주 에너지와 호흡을 맞춘다. 그런데 만일 나와 당신과 말도 안 되는 우리의 자책감과 불안감이 오디션 프로그램의 심사위원들처럼 점수표를 든 채 제3자처럼 행동한다면, 우리와 '거대한 우주 에너지의 흐름' 사이에 두툼한 커튼을 치는 꼴이 될 것이다. 이제 "당연하죠!"를 외칠 때다. 우리 생각과 의식을 활용해 마술을 부릴 때가 왔다.

이젠 색종이 조각을 뿌려도 좋다

"집중력은 우리가 갖고 있는 가장 강력한 마술 도구다. 우리 마음의 가장 강력한 측면이며, 가장 창의적인 측면이다. 집중력이야말로 우주의 우편함 속에 든 편지요, 램프에 사는 요정이다."
– 마리안 랜스키Marian Lansky, 그래픽 아티스트

2012년의 마지막 날인 12월 31일, 나는 조지아 주의 티비 아일랜드 해변 모래 위에 커다란 막대기로 이런 말을 썼다.

"$《E^2》$은 전 세계적인 베스트셀러가 될 것이다."

그다음에는 바다가 그 말을 전 세계에 전하도록 해달라고 빌었다. 분명 그것은 전통적인 마케팅 전략과는 거리가 먼 행위였다. 전통적인 마케팅 전략대로라면, 적어도 옥외 광고판 하나 정도에는 불을 밝혀줘야

했다. 그러나 결과를 놓고 보면, 내 독특한 전략은 꽤 효과가 있었던 것 같다.

《E^2》은 지금까지 약 30개 언어로 번역되었다. 그리고 출간과 동시에 곧바로 〈뉴욕 타임스 The New York Times〉 베스트셀러 목록에 올라 20주간 머물렀고, 여러 주 동안 1위 자리를 지켰다. 전 세계 각지의 독자로부터 연락이 왔는데, 그중에는 해석도 할 수 없는 언어로 된 것들도 많았다. 그들 모두가 이 책을 사랑하는 듯했다. 매일 흥분한 독자들로부터 이메일이나 페이스북 메시지를 받았는데, 대략 이런 내용이었다.

"오, 맙소사! 이게 정말 효과가 있네요."

내가 《E^2》에서 강조한 영적인 원칙들은 새로운 것이 아니다. 우리는 그런 개념들을 수백 년간 들어왔다. 다만 그런 개념들이 먹기 편하게 요리된 적이 없었을 뿐이다. 과학적으로 검증된 적도 없었다.

나는 이 9가지 원칙들이 내 삶에서 제대로 효과를 발휘하고 있다는 걸 잘 안다. 나는 그간 이 원칙들을 아주 잘 활용했고, 그 덕에 제트기를 타고 전 세계를 돌아다녔으며 최고급 호텔들에 묵었고 매력적인 사람들을 만났다. 필요한 경우, 돈도 벌었다. 단지 그 원칙들이 다른 사람들에게도 제대로 효과를 발휘할까 하는 부분에 확신이 없었다. 그러나 많은 사람들의 이야기를 듣고 나니 그 원칙들을 두 번 다시 의심할 수 없었다. 그렇게 나의 확신은 하루가 다르게 커가는 세쿼이아 나무들만큼이나 빠른 속도로 커져갔다.

매일 내 이메일함에는 정말 많은 독자들의 이야기가 쌓여 제대로 읽기가 힘들 지경이 되었다. 나는 새로 알게 된 다양한 친구들로부터 새로운 인간관계를 맺게 됐다거나, 예기치 않은 돈이 들어왔다거나 하는 소식들을 받았다. 내가 가장 좋아하는 소식은 이제 막 우주의 은총을 믿기 시작한 분들로부터 오는 소식이었는데, 그들은 모든 것이 부족하고 모든 것에 한계가 있다는 건 우리 스스로 지어낸 말도 안 되는 이야기라는 걸 이제 잘 안다고 했다. 그중 누군가는 이런 말을 했다.

"매사에 잘 믿지 못하는 저도 이젠 확실히 믿게 됐습니다."

"오, 와우!" 소리가 절로 날 만큼 신나는 이야기가 많이 들려왔다. 그 덕에 2013년 내내 내 얼굴에서는 웃음이 떠나질 않았다. 거짓말 조금 보태면, 하도 자주 주먹을 불끈 쥔 채 하늘을 찔러 오른쪽 이두박근이 프로레슬링 선수 드웨인 '더 락' 존슨Dwayne 'the Rock' Johnson의 이두박근을 방불케 할 정도가 되었다(이 책이 나오면, 이제 오른쪽 주먹 대신 왼쪽 주먹으로 하늘을 찔러야 할 것 같다).

그간 독자들로부터 많은 사진과 많은 이야기가 들어왔다. 또 우주는 우리가 자신에게 관심을 가져주기를 기다리고 있고, 언제든 우리의 기쁨과 행복을 위해 자신의 에너지를 사용해주길 기다리고 있다는 명백한 증거들도 많이 들어왔다. 아마 나비가 출현했다는 이야기들만 모아도 미국 의회 도서관을 다 메울 수 있을 것이다.

이 파티에 처음 온 독자들을 위해 한마디 더하자면, 나비는 우주가 보여주는 많은 징표들 중 하나다. 나는 《E^2》에서 사람들에게 '폭스바겐 제타 원칙(믿음과 기대가 무한한 가능성의 장에 영향을 주고, 그 장으로부터 원하는 것을 얻을 수 있다는 원칙)'을 입증하는 징표들을 찾아보라고 권했는데, 그 원칙이란 이런 것이었다.

"당신의 믿음과 기대는 무한한 가능성의 장에 영향을 준다. 당신은 그 장으로부터 원하는 것을 얻을 수 있다."

그 결과, 사람들은 사막 한가운데서 파이 위에 나비가 앉아 있는 걸 목격했고, 화장실 휴지와 병원의 가운 옷깃, 카지노의 슬롯머신 등 그야말로 상상 가능한 모든 곳에 앉아 있는 나비를 목격했다. 내게 '어떻게 하면 나비들이 나타나지 않게 할 수 있죠?'라는 글을 보내온 사람도 있었다.

당신이 무언가를 찾기 시작하면, 그것은 디즈니의 판타지 애니메이션 〈마법사의 제자 Sorcerer's Apprentice〉에 나오는 미키 마우스의 빗자루만큼이나 빨리 그 수가 불어난다. 어릿광대를 찾기로 마음먹은 어떤 사람은 런던 지하철 내 광고 포스터, 항공기 내 잡지 광고, 버스와 밴 바깥쪽에 붙은 광고, 영화 〈투건스 2 Guns〉(덴젤 워싱턴과 마크 월버그가 광대 마스크를 쓴 채 은행을 터는 영화의 한 장면) 등 그야말로 모든 곳에서 어릿광대를 보게 됐다고 했다. 심지어 아내와 함께 차에 오를 때마다 라디오에서 영국 가수 에밀리 산데 Emeli Sande의 노래 '광대 Clown'가 나왔다는 것이다.

물질을 중시하는 세상이다 보니 놀랄 일도 아니지만, 돈 생각을 했더니 뜻하지 않은 돈이 들어왔다는 이야기도 수없이 많았다. 여기서 5달러 저기서 행운의 동전이 들어왔다거나, 매달 납부하는 보험료가 줄었다는 이야기도 있었다. 돈 생각을 한 지 5일 만에 뜻하지 않은 10만 달러가 들어왔다는 이야기도 있었다(지금까지는 그것이 최고 금액이다). 기대치 않게 꽃을 받은 사람도 있었고, 무언가 징표를 찾다가 '무언가 징표를 기다리고 있다면, 이것이 바로 그 징표입니다'라는 광고 문구를 본 사람도 있었다. 자주색을 찾기로 마음먹은 어떤 사람은 한 경기장에서 열린 여성 롤러스케이트 대회에 초대받아 갔는데 관중석 의자 수천 개가 모두 자주색이었다고 했다.

《E^2》이 일종의 사회적 현상이 되었다고 해도 과언은 아닌 것 같다. 심지어 검은색 책 표지에 쓰인 이 특이한 제목이, 무언가를 갈망한다고 할 때 'E^2한다'라고 말하는 식으로 일반 동사처럼 쓰이기까지 했다. 일부 사람들은 "슈퍼볼 입장권을 구하고 싶어. 그래서 그냥 E^2해보려고" 또는 "수술을 받게 될지 어떨지 알고 싶어. E^2해보는 게 좋을 것 같아" 이런 식의 말들을 하고 있다.

이를 지켜본 여러 친구들이 독자들의 그 놀라운 이야기들을 한데 모아 '기적을 이루는 사람들의 영혼을 위한 닭고기 수프Chicken Soup for the Manifester's Soul' 같은 제목으로 책을 내보라는 말을 했다. 그간 내가 주로 내 이야기들만 써왔으니(게다가 나미비아에 있을 때 내 낡은 노트북이 망가져 열심히 써놓은 글들이 날아갔으니), 이번에는 그 친구들의 제안을 받아들여 내가 가장 좋아하는 독자들의 이야기 몇 편을 소개하는 것으로 이 장을 마무리하려 한다. 이야기들 중 일부는 그대로 인용할 것이고, 일부는 좀 다듬어서 소개할 것이다. 이 이야기들은 하나같이 우리가 우리 편이 되어주는 듬직한 우주 안에 살고 있다는 사실을 상기시켜준다. 신(우리 대부분에게 우주보다 더 익숙한 용어를 쓰자면)은 끊임없이 스스로를 창조해 나가는 세상을 창조했다.

여기에 나오는 독자들의 이야기를 읽음으로써, 당신은 《E²》에 소개됐던 9가지 주요 원칙들을 훑어볼 수 있을 것이다. 이는 《E²》을 보지 않은 이들에게는 9가지 에너지 원칙을 새로이 소개하고, 이미 이 원칙들을 아는 독자에게는 복습의 시간을 마련해주려는 나의 교묘한 전략이라 할 수 있겠다.

복습의 시간

"우리는 두려움의 얼굴을 똑바로 바라보는 경험을 할 때마다 힘과 용기와 자신감을 얻게 된다. 우리는 스스로 할 수 없다고 생각하는 일들을 해야 한다."
– 엘리너 루스벨트Eleanor Roosevelt, 전 미국 영부인

내가 《E²》에서 소개한 9가지 에너지 원칙들은 당신이 자신의 현실을 마스터하는 법을 배울 때 기반이 될 것이다. 당신이 이미 자립적으로 생각하고 행동하고 있다 해도 이런 메시지를 듣는 것이 자존심 상하는 일은 아닐 거라고 생각한다. 당신이 받은 구식 훈련은 워낙 당신 몸 깊숙이 배어 있어, 당신은 언제든 쉽게 예전 습관으로 돌아갈 수 있다. 구식 패러다임을 뛰어넘는 법을 배우려면, 새로운 패러다임이 제2의 천성이 될 때까지 반복해서 연습해야 한다. 생각하지 않아도 자동으로 행동이 되어 나올 때까지, 기적이 일어나는 걸 직접 목격할 때까지 말이다.

대장 원칙: 세상에는 무한한 가능성의 장이 존재한다

이 실험에서는 가능성의 장에 정확히 48시간의 여유를 주고, 스스로 모습을 드러내거나 우연의 일치로 볼 수 없는 명백한 징표를 보여달라고 요청해보라고 했다. 그 결과, 사람들은 다음과 같은 축복을 받았다.

"저는 까맣게 잊고 있던 2만 달러 상당의 애플 주식을 찾아냈어요. 게다가 영국의 한 프로듀서에게 데이트 리얼리티 쇼에 참여해달라는 요청도 받았죠."

"48시간까지 기다리고 싶지 않았어요. 그래서 오늘 이용할 항공편을 탈 때까지로 기간을 줄였죠. 그런데 어떤 일이 일어났는지 아세요? 비행기 안에서 아주 유명한 사람 옆에 앉게 됐어요. 전설적인 미국 록밴드 '레너드 스키너드Lynyrd Skynyrd'의 기타리스트 말이에요."

"남편한테 첫 번째 실험을 읽어주고, 무언가 뜻밖의 선물을 요청해보라고 했는데요. 그날 밤 정말 뜻밖에도 남편이 1,500달러짜리 스마트TV에 당첨됐어요."

"저는 첫 번째 실험을 읽고, 제가 절대 이의를 제기할 수 없는 확실한 징표를 보여달라고 우주에 요청했어요. 그다음 날 아침 제 책상에 가서 일을 좀 하다 라디오를 틀었는데, 어떤 노래가 나오지 아세요? 미국 밴드 쿨앤더갱Kool and the Gang의 '조안나Johanna'가 나온 거예요. 그 노래를 마지막으로 들은 게 몇 년도 더 됐거든요. 제 이름이 조안나인데, 가사 중에 "조안나, 당신을 사랑해"라는 말이 있었어요. 저는 우주가 제게 사랑한다고 말하고 있다는 걸 알았어요."

"저는 외동으로 자라서 늘 형제나 자매가 생기길 원했지만, 지난 수년간 서던 캘리포니아에 살고 있는 먼 사촌 2명 외에는 성인 친척이 없다고 알고 있었어요. 어느 목요일 밤 10시에 우주에게 48시간의 여유를 주면서 제게 가까운 친척이 생기게 해달라고 말했어요. 그런데 그다음 날 아침, 사촌들 중 하나가 제게 메시지를 보낸 거예요. 그리고 월요일까지 40명도 넘는 친척들이 찾아왔어요. 대부분이 사촌과 육촌이었는데, 글쎄 그 직전까지만 해도 이 세상에 존재하는지도 몰랐던 그런 사람들이었어요."

"그림을 판매하는 야외 행사장에 찾아가 그림 두 점을 팔고, 일요일에는 열다섯 점을 더 팔았어요. 2년 전에도 그 행사에 참여했는데, 그땐 단 한 점도 못 팔았거든요."

"제가 약혼한 걸 알게 된 지인 중 한 명이 갑자기 7,000달러짜리 웨딩드레스를 선물하겠다는 거예요. 네 아이를 키우는 싱글 맘인 제게 7,000달러면 큰돈이거든요. 2년 전까지 몰던 차가 거의 다 7,000달러 미만이었으니까요. 행운 보따리가 터졌는지, 어느 날 오후에는 제가 좋아하는 작가 중 한 명인 리사 랭킨Lissa Rankin과 함께 쇼핑을 하고 점심을 먹고 명상도 하게 됐지 뭐예요."

"저는 4년간 연락이 끊겼던 한 신부님으로부터 1만 달러를 받는 기적을 경험했어요. 전 지금 천주교 교인도 아닌데 말이에요. 믿기지 않으시겠지만, 그야말로 아무 조건 없이 1만 달러라는 큰 선물을 받은 거예요."

폭스바겐 제타 원칙: 당신의 믿음과 기대가 가능성의 장에 영향을 준다

이 원칙을 입증하기 위해 나는 사람들에게 우주에게 48시간을 주고 가능성의 장으로부터 간단한 것들, 즉 베이지색 자동차나 나비, 깃털 같은 것들을 끌어내보라고 했다. 그 결과, 다음과 같은 일들이 일어났다.

"제가 일찍이 경험해보지 못한 너무도 놀라운 일이어서, 이렇게 그 경험을 여러 사람과 공유하려 합니다. 그날 저는 종일 집에 앉아 노트북으로 일을 하고 있어서 초록색 자동차나 노란 나비 같은 건 절대 볼 수 없을 거라 믿었어요. 그러면서 48시간이 되려면 아직 하루는 더 여유가 있다고 생각했죠. 그런데 저녁 식사 후, 내가 실험 중이라는 걸 알지도 못하는 남자 친구가 무언가 보여줄 게 있다며 저에게 거실로 나오라는 거예요. 제 생일 선물로 만든 것이라는데……. 글쎄, 그게 나비 집인 거 있죠? 안에는 나비들도 들어 있었어요. 집에서 나비를 본 거예요. 며칠 더 돌보다가 나비들은 날려 보내줬어요. 처음 그 나비 집을 봤을 때, 정말이지 너무 놀라 10여 분간 아무 말도 못했어요. 내일이면 도로 위에서 초록색 차들을 보지 않을까 싶어요."

"저는 확실히 하고 싶은 마음에 우주에게 여러 색깔의 자동차들을 보여달라고 했어요. 자주색과 노란색, 오렌지색 차들을 말이죠. 맞아요, 실제로 그 색깔의 차들을 모두 봤어요. 하지만 전 의심이 많아 우주가 내 말에 귀를 기울이고 있고, 그런 일들이 절대 우연의 일치가 아니란 걸 한 번 더 확인하고 싶었어요. 내가 본 차 색깔들은 여러 가지였지만, 흔치 않은 색은 아니었죠. 그래서 이번엔 우주에게 내가 생각해낼 수 있는 가장 복잡한 색의 차를 요구해야겠다고 마음먹었어요. 흰색 물방울 무늬가 찍힌 분홍색 트럭을 보여달라고 한 거예요. 세상에, 그런데 이틀 후 제 차 옆으로 흰색 물방울 무늬가 찍힌 분홍색 트럭이 지나갔다는 거 아니에요."

"당시 저는 두 번째 실험의 후반부를 지나고 있었고, 아주 열심히 자주색 깃털을 생각하고 있었어요. 한겨울의 콜로라도 주에서 말이에요. 절대 볼 수 없을 거라고 생각했죠. 그 즈음 작년 여름 볼더 시에서 발생한 홍수로 아들을 잃은 사촌의 소식이 궁금했어요. 그래서 가끔 그의 페이스북을 들여다보며 그의 친구나 가족들이 올리는 그의 최근 소식을 접하곤 했지요. 그런데 페이스북에 올린 한 사진에서 제 사촌이 어떤 모습을 하고 있었는지 아세요? 아, 글쎄 머리띠를 두르고 있는데, 거기 자주색 깃털이 하나 꽂혀 있는 거예요. 놀라자빠질 일이죠. 정말 놀라자빠질 일이에요."

다음은 아직 시간 개념(나는 시간 개념이라는 것이 아주 설득력 강한 환상이라는 걸 잘 안다)을 믿고 있고, 그로 인해 좌절감을 느끼는 사람들을 위한 글이다.

"저는 빨간색 고무공을 보게 해달라고 요청했습니다. 48시간이 지났지만, 공은 코빼기도 보이지 않았어요. 그게 3주 전 이야기입니다. 저는 '내가 정신 집중을 제대로 못했나 보다'라고 생각했어요. 그런데 전에 오렌지색 차를 봤던 바로 그 교차로에서 오늘 빨간색 고무공을 본 거예요. 차를 몰고 교차로를 건너려는데, 날 부르는 듯 저 앞에서 바람에 날려 빨간색 고무공이 데굴데굴 굴러가고 있더라고요. 차에서 뛰어내린 저는 차들을 요리조리 피해 그 공을 잡았어요. 지금도 그 공을 갖고 있답니다."

아인슈타인 원칙: 당신도 에너지 장이다

인간이 움직이는 에너지 장이라는 걸 입증하는 이 세 번째 실험은 정말 재미있다. 이 실험에서 나는 철제 옷걸이로 어떻게 이른바 '아인슈타인 지팡이'를 만드는지 설명했다. 집에서 직접 만든 이 에너지 마술 지팡이를 이용하면, 생각이 작동되는 것을 볼 수 있다. 긍정적이고 행복한 생각들은 마술 지팡이들을 벌어지게 하지만, 부정적인 생각들은 안으로 몰리게 한다.

자칭 '성서 벨트 신비주의자 the Bible Belt Mystic'라는 오클라호마 주 출신의 레슬리 드레이퍼 Leslie Draper는 동네 세탁소에서 옷걸이 50개를 구해 아인슈타인 지팡이를 만들어 여러 의사들을 비롯한 자기 고객들에게 선물했는데, 그녀 말에 따르면 모두 놀라자빠졌다고 한다. 그녀는 심지어 그 마술 지팡이들을 멋진 동영상에 담아 유튜브에 올렸고, 그 지팡이들 중 하나를 인터넷에도 올려 생각이 어떻게 우주와 연결되는지를 생생히 보여주었다.

플로리다 주에 사는 한 사람은 동네 술집에 마술 지팡이들을 들고 가서 친구들을 깜짝 놀래켰다고 했다. 누군가는 마술 지팡이들을 제조해 장난감 업체 토이저러스 Toys R Us 홈페이지에서 팔면 어떻겠느냐는 제안도 했다. 한편 스칸디나비아 반도에서는 이제 철제 옷걸이를 구하는 게 쉽지 않다는 사실도 알게 됐다.

아브라카다브라 원칙: 초점을 맞추면 무엇이든 확대된다
이 실험에서는 사람들에게 '우주의 카탈로그'에 주문을 넣어보라고 했다. 그러니까 바라는 그 무언가가, 즉 아주 간단한 그 무언가가 실제 우리 삶 속에 나타나게 하는 것이다. 이 실험과 관련해 사람들이 보내온 몇 가지 이야기를 소개하면 다음과 같다.

"정말 놀라지 않을 수 없네요. 당신처럼 나도 나 자신에게 엽서를 보냈습니다. 마치 누군가 딴 사람이 쓴 것처럼 '당신 사진 전시회에서 본 사진들이 무척 마음에 들어 계약을 하고 싶습니다'라고요. 목요일에 그 엽서를 보냈는데, 금요일까지 계약을 2건이나 하게 됐습니다. 제가 보낸 엽서는 아직 받지도 못했는데 말이죠. 저는 이제 확실히 믿습니다. 내가 무엇을 원할지 결정하는 것은 바로 나 자신이란 걸."

"저는 '공짜 돈'이 생기게 해달라고 요청했어요. 며칠은 그냥 지나갔죠. 그런데 두둥~ 3명의 고객이 제게 상품권을 보내온 거예요. 합쳐서 160달러 상당의 스타벅스Starbucks 상품권과 50달러 상당의 타깃Target(미국의 대형 유통업체-옮긴이) 상품권이었어요. 그 후 한 파티에 갔는데, 주최 측에서 제게 저녁 식사 자리에 모인 사람들에게 재미있는 이야기를 해달라는 거예요. 그래서 우스갯소리를 했더니 이후에 250달러짜리 수표를 보내왔어요. 그런 식으로 1주일 안에 총 460달러가 들어오더군요."

"산책을 하던 중 커피 한 잔 마실 수 있으면 좋겠다고 생각했어요. 수중에 땡전 한 푼 없었던지라 실험을 해보기로 했죠. 커피 한 잔 사먹을 수 있는 돈을 줍게 해달라고 말이에요. '무일푼 상태에서 커피 한 잔 할 수 있는 길이 있어야 할 텐데'라고 생각하며 계속 유심히 땅바닥을 살폈어요. 그러다 어느 공원에 도착했는데, 고개를 들어보니 바로 앞에 '커피와 컵케이크 무료'라고 쓰인 간판이 보이는 거예요. 밴에서 한 남자가 제게 라테를 타줬어요. 물론 공짜로요."

"저는 지금 사방에서 기적을 보고 있는데, 방금 전 큰 기적이 일어났어요. 저는 《E^2》을 읽기 전에는 추리 작가 로렌스 블록Lawrence Block에 대해 전혀 몰랐어요. 그러다 당신이 그의 책 《당신의 삶을 위해 써라Write for Your Life》에 대해 이야기하는 걸 보는 순간 소름 돋을 만큼 큰 감동을 받았고, 그래서 그 책을 한 부 사야겠다고 마음먹었죠. 그런데 알아보니 호주에서는 그 책이 절판되어 도무지 구할 수가 없는 거예요. 막막했죠. 그의 웹사이트에 접속해봤더니, 작품이 정말 많더군요. 그에게 이메일을 보내 혹시 베개 밑에 숨겨둔 여분의 책이 한 부 없느냐고 물었어요. 그러자 데이비드 트레버David Trevor라는 사람에게서 어딘가 몇 부는 있을지도 모른다고 답장이 왔어요. 확인해보고 찾게 되면, 경매 사이트 이베이eBay에 올리고, 내게도 연락을 주겠다고요. 그다음 날 일어나보니 그에게서 메일이 왔는데, 이베이 쪽에 링크를 걸어뒀더군요. 링크를 따라가보니 막 찾아낸 비장의 여분 스물다섯 부(로렌스 블록의 아내 래리 블록이 서명한)가 판매 목록에 올라와 있었어요. 저는 흥분해서 당장 구매 버튼을 눌렀는데, 아뿔싸 결제 절차를 밟고 있는 동안 마지막 책이 사라져 버리더군요. 그래서 데이비드 트레버에게 다시 이메일을 보내 참담한 심정을 토로했죠. 그가 그 심정이 이해된다며 혹시 헌 책도 괜찮겠느냐고 물었어요. 자신에게 한 부 남은 게 있는데, 그걸 기꺼이 제게 팔겠다고요. 지금은 고인이 된 로렌스 블록의 어머니가 갖고 있던 책이 최근 자신들에게 돌아왔다는 거예요. 그 책에는 로렌스 블록이 어머니에게 이 책을 바친다고 서명한 글귀가 들어 있대요. 정말 멋지죠! 전 지금 기분이 날아갈 것 같아요. 빨리 읽고 싶어 미치겠어요."

"저는 공짜로 고기 좀 먹게 해달라고 했어요. 그러자 오늘밤 제 집에 놀러오기로 한 친구가, 여자 친구가 고기 피자 2판이랑 치킨 칩 2팩을 사줬다며 가져 왔더라고요."

"가수 빌리 조엘Billy Joel이 이번 여름에 더는 공연을 하지 않겠다고 하는 소식을 들었어요. 저는 우주에게 그의 공연을 보고 싶다고 했죠. 이틀 후 빌리 조엘이 바클레이 센터에서 송년의 밤 공연을 한다는 거예요. 아주 멋진 시간을 보내게 될 것 같아요."

"금요일 밤에 저는 잃어버린 귀걸이를 찾아달라고 빌었어요. 별것 아닌 것처럼 보일지 모르지만, 그 귀걸이는 제 아들 더스틴Dustin이 선물해준 거였거든요. 그 애는 2009년에 열일곱 살의 나이로 절벽에서 떨어져 세상을 떠났어요. 정말 사랑하는 아들이었는데 말이에요. 그 귀걸이를 잃어버리고 얼마나 가슴이 아팠는지 몰라요. 지난 여름에 거울을 들여다보다 한쪽 귀걸이가 없어진 걸 알고서 정말 미치는 줄 알았어요.

그런데 오늘 욕실 배수구 일부가 막혀 남편이 배수구 뚫는 기구로 펌프질을 했어요. 나중에 제가 양치질을 하려고 욕실에 들어갔더니, 배수구 뚫는 기구 바닥에 머리카락이 잔뜩 엉겨 붙어 있더군요. 이쑤시개로 그 머리카락들을 끄집어 올렸는데, 그때 무언가 동그란 게 보였어요. 잃어버린 제 귀걸이였죠. 우주를 향해 최후 통첩을 한 지 48시간도 채 안 돼 귀걸이를 되찾은 거예요. 지금 얼마나 행복한지 몰라요."

안내자 원칙: 가능성의 장에 이르면 정확한 안내를 무제한 받을 수 있다

이 실험의 목적은 사람들로 하여금 분리에 대한 믿음을 포기하게 하고, 또 1년 내내 그 어떤 의문에도 답해주는 가능성의 장을 향해 마음의 문을 열게 하는 데 있었다.

"한 달 전쯤 33년간 거의 매일 목에 걸고 다니던 다이아몬드 목걸이를 잃어버렸어요. 그러던 중 어제 그릴을 돌려 훈제 고기를 만들고 있었는데요. 개들을 산책시키려고 두어 시간 자리를 비웠다가 되돌아와 고기가 잘 익었나 확인하는데, 바로 앞 땅바닥에 바로 그 다이아몬드 목걸이가 있는 거예요. 그런데 더 놀라운 건 목걸이가 마치 금세 닦인 것처럼 깨끗했다는 거죠. 이 목걸이, 잠시 다른 차원으로 가 있다가 되돌아온 걸까요?"

"이틀 전 가능성의 장에 부탁했어요. 만일 내가 임신을 했다면, 뉴욕행 연결 비행기에 오르기 전에 눈에 띄게 배부른 임신부 둘을 보여달라고요. 첫 번째 비행기에서 내려 연결 비행기를 타러 가다가 배부른 임신부 한 사람을 지나쳤어요. 그리고 갈아탈 비행기가 1시간 연착되어 서점에 들러 잡지들을 보고 있는데, 갑자기 선반에서 잡지 1권이 바닥으로 떨어지는 거예요. 그런데 글쎄, 펼쳐진 페이지에 임신한 여배우 제니퍼 러브 휴이트Jennifer Love Hewitt 사진이 있는 거 있죠?"

"저는 우주를 향해 책 3권 중 어떤 걸 먼저 집중해 써야 하는지 알려달라고 했어요. 그러고는 제가 작업해온 3권의 책, 즉 소설과 논픽션과 전기 제목을 알려줬죠. 이후 48시간의 절반 정도가 지났을 때 페이스북에 올린 누군가의 포스트를 봤어요. 평소 인용문 같은 건 전혀 올리지 않던 사람인데, 이런 인용문을 올렸더라고요. '당신 자신의 전기를 쓸 때는 다른 누구도 펜을 잡지 못하게 하라.' 와우! 제가 할 수 있는 말은 이게 다에요. 와우!"

"저는 활짝 웃을 수 있는 일을 만들어달라고 했어요. 어느 날 휴대전화로 문자 메시지를 보내며 작가 마스틴 킵Mastin Kipp의 '날마다 사랑하기Daily Love' 워크숍 참석차 건물 안으로 들어서고 있었어요. 바로 뒷사람을 위해 무심코 문을 잡고 서 있다 고개를 들었는데, 그 사람이 마스틴 킵 바로 그분인 거예요. 활짝 웃지 않을 수 없었죠."

"3년 전쯤 정원 일을 하다가 금반지를 잃어버렸어요. 그래서 당신 책을 읽은 뒤, 실험 삼아 가능성의 장에 그 반지를 찾게 해달라고 했죠. 그리고 1주일 후, 난로 밑을 청소하다가 그 반지를 찾았어요. 정말 깜짝 놀랐죠. 그게 어떻게 거기 있었을까요? 정원에서 찾은 것도 아니고 집 안에서 찾았으니, 정말이지 이 원칙을 믿지 않을 수 없었어요. 이 원칙은 정말 확실한 거 같아요."

"주택 담보 대출을 예정대로 받아야 하는지 아닌지 알려달라고 했어요. 저는 미주리 주의 시골 지역에 살고 있는데, 집 바로 앞에 철로가 놓여 있어요. 열차 한 대가 집 앞을 지나가는데, 열차 문에 낙서가 있는 거예요. 굵고 커다란 글씨로 '안 돼^{NOPE}'라고요. 정말 희한하죠. 오늘 아침에는 집 밖에 앉아 큰 소리로 이렇게 말했어요. '그 말을 우주의 대답이라고 믿어도 되는 거야?' 바로 그 순간 '딩딩딩' 하는 철도 건널목 경고음이 들리면서 또 다른 열차가 다가왔어요. 그 열차는 석탄을 가득 싣고 있었고, 기관차가 2개나 있더군요. 두 번째 기관차는 두 문이 활짝 열린 채 바람에 흔들리고 있었어요. 이런 건 본 적이 없는데요. 그 바로 다음 차량에 이런 낙서가 있는 거예요. '우리한테 마음껏 부탁해요. 당신을 사랑해요. 사랑해요.'"

슈퍼히어로 원칙: 생각과 의식이 물질을 바꿔놓는다

달걀판에 완두콩 씨앗을 키우는 이 실험은 특히 엄마와 아이들 사이에서 큰 인기를 끌었다. 애리조나대학교 개리 슈월츠$^{Gary\ Schwartz}$ 박사의 실험을 따라 한 이 실험에서 나는 독자들에게 한쪽 완두콩 씨앗들에게는 빛과 사랑과 관심을 주고, 또 다른 쪽 완두콩 씨앗들은 무시하라고 했다. 내가 갖고 있는 사진들을 보면 사랑받고 자란 씨앗들은 무시당하며 자란 씨앗들보다 더 빨리 싹이 나고, 더 빨리 더 크게 자란 걸 알 수 있다. 독자들이 보내온 다음 이메일도 소개한다.

"아주 흥미로웠던 일에 대해 간단히 몇 자 적어봅니다. 몇 개월 전, 실험 후 싹이 난 완두콩들을 그냥 버릴 수가 없어서 황량한 우리 아파트 단지 안의 가장 비옥한 곳에다 옮겨 심었어요. 와, 그런데 오늘 아침에 보니 싱싱한 완두콩들이 열렸더군요. 화초나 채소를 잘 키워보고 싶었지만 번번이 실패했는데, 이번엔 완두콩이 제대로 자란 거예요."

칼로리 원칙: 음식도 말과 생각에 영향받는다

이 훈련은 생각이 늘 몸이나 우리가 먹는 음식과 함께 춤춘다는 것을 입증하기 위한 것이었다. 독자들이 보내온 이메일을 보면 내가 소개한 실험을 통해 체중이 상당히 줄었다는 내용이 많았다. 이 원칙의 핵심은 자신이 먹는 음식을 오로지 축복하고, 먹기 전에 스스로를 자책하는 습관을 버리는 것이다. 어떤 이는 생각 하나로 8kg이 빠졌다며 다음과 같이 말했다.

"저는 자책감을 버렸어요. 뭐든 먹고 싶은 대로 먹었죠."

101마리 달마시안 원칙: 당신은 우주의 모든 사람이나 사물과 연결되어 있다

이 원칙은 '비국소성 nonlocality 원칙'이라고도 하는데, 이메일이나 편지 등을 통하지 않고도 다른 누군가에게 메시지를 보내면 그 메시지가 상대에게 전달된다는 것이 그 골자다.

"오늘, 정확히 말해 2013년 11월 19일 오전 8시 30분에 여덟 번째 실험을 시작했습니다. 거의 40년간 알고 지낸 평생 친구와 옛 여자 친구, 이렇게 두 사람이 내게 전화하게 해달라고 요청했죠. 두 사람과는 꽤 오랫동안 통화를 해본 적이 없었습니다. 두 사람에게 속으로 계속 제 마음을 전달했습니다. 심지어 현관문을 열어놓고 두 사람 이름을 부르면서 "전화해"라고 말하기도 했어요. 그런데 15분도 채 안 돼 옛 여자 친구에게서 전화가 오더군요."

"2년간 전화 연락 한 번 없던 옛 친구가 보고 싶었어요. 그래서 가능성의 장에 그런 제 마음을 알렸는데, 30분도 안 돼 그 친구가 전화를 해왔어요."

"최근 당신 책을 보면서 못 사건을 재미있게 읽었어요. 실제 기적이 일어났다는 이야기들을 보니, 아주 멋지기도 하고 부럽기도 하더군요. 그래서 우주를 향해 '이봐요, 나도 못 사건처럼 기절초풍할 일을 경험해보고 싶어요'라고 말했어요. 그러고는 별 기대도 없이 일상으로 돌아갔죠. 그러다 오늘 아침 외출복을 갈아입으려고 드레스룸 안에 들어갔다가 바닥을 내려다봤는데, 거기 무언가가 있는 거예요. 못이었어요. 난 너무 놀라 소리를 질렀어요. 그래요, 가능성의 장은 유머 감각이 있네요. 실제로 가능성의 장이 '못을 원한다며?'라고 말하는 게 들리는 듯했어요. 아마 내가 당신 책을 읽지 않았다면, 못을 보고도 '어, 이게 왜 여기 있지?' 하고 별 생각 없이 지나쳤겠죠. 어쨌든 이번 못 사건은 우리가 어떻게 서로 연결되어 있는지를 느끼게 해주었어요."

"이번 실험은 정말 놀랍네요. 그러니까 비국소성 원칙을 활용해 누군가 아는 사람에게 메시지를 보내는 실험이잖아요. 당신은 이미 만난 적이 있는 사람에게 정신을 집중하라고 했고, 또 한 사람이 어떤 사람을 만나 악수를 하면 두 사람은 영원한 인연을 맺게 되는 거라는 브루스 로젠블룸Bruce Rosenblum의 말도 소개했죠. 그게 내 관심을 끌었어요. 제겐 만난 적도 없고, 독신으로 살다 1926년에 자녀도 없이 돌아가신 네바Neva란 이름의 고조할머니가 계셨는데, 바로 그분께 메시지를 보내고 싶었어요. 그분 반지를 제가 물려받았는데, 둘 다 이 반지를 끼었으니 우리 두 사람이 악수를 한 거나 마찬가지라고 생각했거든요. 한 핏줄이라 서로 만난 적이 있는 거나 다름없다고도 여겼고요. 고조할머니가 일찍 세상을 뜨신 바람에 우리 집안 가계도에는 큰 구멍이 났어요. 게다가 그분은 늘 집안의 미스터리여서 그분이 언제, 어디서 돌아가셨는지 정확히 아는 사람이 아무도 없었어요. 저는 며칠 전 출근을 하면서 실험을 해보기로 했어요. 속으로 '안녕하세요, 네바 할머니. 전 할머니의 고조 손녀딸이에요. 할머니께 어떤 일이 있었고, 언제 어디서 돌아가셨는지 알고 싶어요. 그래야 할머니 이야기를 제 아이들과 그 아이들의 아이들에게 전해주죠. 제발 저 좀 도와주실래요? 감사합니다' 하고 말했어요. 그리고 점심시간에 웹서핑을 하는데, 이전에 가입했던 민간 고문서 보관 사이트 '엔세스트리닷컴Ancestry.com'에서 알림이 들어왔더군요. 제 가계도와 관련해 새로운 사실이 입수됐다고요. 이상한 것은 고조할머니의 사망 기록지가 캘리포니아라는 것이었어요. 캘리포니아라면 과거에 여러 차례 검색했지만, 별 성과가 없던 데거든요. 그런데 돌연 사망 기록지가 1926년 9월 3일 캘리포니아 주 로스앤젤레스라는 거예요. 세상에! 대체 어떻게 메시지를 전한 바로 그날 오후에 그런 기록이 들어올 수 있었을까요? 네바 할머니에게 도와달라고 말씀드린 바로 그날 오후에 말이에요. 정말 놀라워요. 당신의 원칙은 죽은 지 80년도 더 된 사람들에게까지 통하고 있어요."

오병이어 원칙: 우주는 무한하고 풍부하며 신기할 정도로 융통성이 있다

이 원칙을 입증하고자 나는 48시간 동안 선함과 아름다움을 좇으라고 했다. 이 원칙은 고생물학자 스티븐 제이 굴드Stephen Jay Gould에게서 아이디어를 얻은 것으로, 그는 눈에 잘 띄지 않거나 보이지 않는 수많은 선한 행동을 일일이 찾아내 기록하고 기리는 것이 우리의 의무이며 신성한 책임이라고 했다.

그런데 그런 행동은 수도 없이 많이 일어나기 때문에, 일일이 그걸 작성해 책으로 출간하는 것은 불가능하다. 이런 이유로 나는 그간 들었던 이야기들 수백 가지 가운데 몇 가지를 이 장에서 소개하기로 마음먹었다. 가능성의 장도 유머를 즐길 줄 안다.

"한 레스토랑에서 친구 생일파티를 했을 때였어요. 마침 지각을 한 데다 주차할 곳을 찾느라 정신이 없었죠. 주차장 주변을 몇 번이나 뱅뱅 돈 뒤에 E^2하기로 마음먹었어요. 그래서 차 안에 있던 아이들에게 '아무래도 영화가 한 편 끝나 사람들이 좀 떠나줘야겠다'라고 말했어요. 그 말이 끝나기 무섭게 레스토랑 바로 밖에 주차 공간이 생겼어요. 비슷한 시간에 영화관 바로 바깥쪽에 소방차 한 대가 와 섰고, 영화관 안에서 수백 명이 쏟아져 나왔고요."

그녀가 요청한 대로 영화 한 편이 끝난 게 아니라, 영화관에 불이 나는 바람에 건물 전체가 영업을 중단했고, 12개 영화관 전체 관객들이 밖으로 빠져나온 것이었다.

"오늘 아침, 동네 레스토랑에서 식사를 하다가 우주에게 48시간 안에 뜻하지 않은 선물을 하나 받게 해달라고 했어요. 그 뒤 볼일을 다 보고 집에 갔는데, 선물이 와 있지 뭐예요. 우리 집 풀장 안에 새끼 오리 여섯 마리가 떠다니고 있더라고요. 남편은 너무 놀라 말도 하지 못하더군요. 그 새끼 오리들이 대체 어디서 왔는지 모르겠어요. 우주는 응답이 빠를 뿐 아니라, 유머 감각도 있는 것 같아요. 정말 얼마나 기분 좋은 선물이에요! 아이들과 나는 새끼 오리들을 한데 모아 가까운 골프장 연못까지 살살 몰고 간 다음 거기서 살게 놔주었어요."

본격적인 실험에 들어가기 앞서, 당신에게 한 가지 부탁을 해야겠다. 간단한 부탁이다. 돈 한 푼 들지 않고, 기껏해야 3초면 할 수 있는 일이다. 준비됐는가?

지금 이 페이지를 책에서 뜯어내주길 바란다.

음……. 내가 천리안이어서 모든 걸 내다보는 건 아니지만, 장담컨대 내가 당신에게 뜯어내라고 부탁한 페이지는 아마 십중팔구 아직 그대로 책에 붙어 있을 것이다. 어떻게 아느냐고?

우리는 너 나 할 것 없이 선량한 사람이라면 절대 책을 뜯어선 안 된다고 교육받아왔기 때문이다. 책은 읽으라고 있는 것이고, 또 그런 책을 깨끗이 관리해 얼룩도 지지 않게 하는 것이 법을 준수하며 사는 선량한 우리 시민의 책임 중 하나라고 말이다. 이는 부모님들이 참으로 좋아할 만한 말이다.

그러나 내가 당신에게 뜯어내라고 정중히 부탁한 페이지는 그야말로 별 내용도 없는 무가치한 페이지며, 앞뒤 내용과 전혀 연결도 되지 않는다.

다만 이 책이 앞으로 되풀이해 강조할 중요한 사실 한 가지를 암시한다는 면에서는 그 페이지에 약간의 가치가 있을지도 모르겠다. 우리는 너 나 할 것 없이 살면서 많은 교훈을 배웠는데, 그 교훈들이 우리 삶에 오히려 방해가 된다는 사실 말이다. 우리는 그간 아무 도움도 안 되는 정보를 너무 많이 접해왔다.

우리는 사실과 다른 엉뚱한 지식들을 너무 많이 배웠다. 그리고 실제로 그런 지식들 때문에 오히려 능히 할 수 있는 일들까지 하지 못하고 있다. 그런 점이 이 책이 그간 당신이 읽어온 다른 책들과 다른 점 중 하나이기도 하다.

중요한 메시지는 이 책의 활자들 속에 있는 것이 아니라, 당신의 마음속에 있다. 그 메시지를 받아들일 수 있는 방법은 오로지 단 하나, 자리를 박차고 일어나 내가 권하는 실험들을 충실히 이행해나가는 것뿐이다.

  자, 그렇다면 이제 앞페이지를 뜯어내라는 내 부탁을 흔쾌히 들어줄 수 있겠는가?

Part 2
기적을 일상으로 만드는 9가지 실험
E - C u b e d

"아직 존재하지도 않는 것을 열심히 믿음으로써,
우리는 그것을 만들어낼 수도 있다."
- 니코스 카잔차키스 Nikos Kazantzakis, 그리스의 작가이자 철학자

예비 단계
마법이 일어나게 하는
중요한 지침들

"교훈은 단 세 마디로 시작된다. 내가 말한 것들 가운데 다 잊어도 좋으니, 이것만은 주문처럼 외워두길 바란다. 생각이 모든 것에 선행한다. 생각이. 모든 것에. 선행한다."
— 팻 헬드만Pat Helman, 작가

《E^2》을 읽어봤다면 잘 알겠지만, 나는 당신이 영적인 개념이나 생각이 물질에 변화를 준다는 사실을 단순히 믿기만 해서는 안 되며, 직접 입증해야 한다고 생각한다. 오랜 세월, 내가 언급하는 원칙들은 저녁 식사 자리에서의 고무적인 대화 주제이자 흥미진진한 설교 재료였다. 그러나 우리가 그 원칙들에 그저 이론적으로만 접근할 뿐 이를 실천에는 옮기지 않은 탓에, 이 세상은 필요한 만큼 획기적인 변화를 이루지 못했다. 실생활에 적용되지 않는 한 이 원칙들은 추상적인 개념 내지 기분 좋은 '와우!' 소리를 내게 하는 이론에 지나지 않는다. 때문에 《E^2》

과 마찬가지로 이 책 역시 이론보다는 적용과 경험을 중시한다.

당신이 우주의 모든 사람, 모든 것과 연결되어 있다는 사실은 그저 놀랍다며 감탄하고 지나칠 것이 아니다. 실제로 활용해야 하는 것이다. 당신의 생각이 거대하고 무한한 가능성의 장 안으로 퍼져나가는 에너지 파동이라는 사실 역시 잘 인식하고 매 순간 직접 활용해야 한다. 우리가 이런 원칙들에 대해 운만 떼면서 지난 100년을 허비했다고 말하는 이들도 있다. 이 원칙들을 적극 활용해 우리 세계와 삶과 인간관계를 개선하지 못한 채 탁상공론으로만 허송세월했다는 것이다.

이어지는 장들에서는 《E^2》의 타당성을 입증하기 위한 경험과학적 실험에서 얻은 영적 원칙들의 필연적 결과들, 특히 실험의 과정에서 마주치는 문제들과 그것을 해결하는 방법이 소개될 것이다. 이는 당신이 무한한 가능성의 장과 연결되어 있다는 사실뿐 아니라, 양자 물리학이 흥미진진한 하나의 철학이며 삶의 유용한 도구라는 것도 입증해줄 것이다.

실제 세계는 그 어떤 실험실보다 좋다

"미리 경고하지만, 이 가르침들을 적용하다 보면 그간 당신이 의지해온 믿음이 무너지고 마음이 혼란스러워지고 자아가 괴로움을 겪게 될 것이다."
— 아디야산티 Adyashanti, 영적 스승

이탈리아의 발명가 굴리엘모 마르코니 Guglielmo Marconi 는 대서양을 사이에

두고 무려 3,000km가 넘는 두 지점에서 무선으로 전파를 송수신하는 데 성공했으며, 1909년 노벨물리학상을 수상했다. 그러나 그가 처음 전선을 통하지 않고 에너지 주파수를 전송할 수 있다고 했을 때, 사람들은 그가 미쳤다고 생각했다. 이탈리아 우편전신국에 편지를 보내 무선 전신 아이디어를 설명했을 때도 그는 정신병원에 가보라는 말을 들어야 했다. 그를 비판하는 이들은 다음과 같이 말했다.

"그게 불가능한 일이라는 건 삼척동자도 알아요"

그러면서 그가 부모님 집 다락방에서 실시한 실험들을 모두 미친 짓이라고 조롱했다.

그렇다. 모든 사람이 우리의 생각과 꿈과 믿음이 우주 속으로 발산되고, 결국 우리 운명을 결정짓는다는 사실을 믿을 수 있는 건 아니다. 그러나 되지도 않을 일에 정신을 집중하기보다는 실제로 일어날 가능성이 있는 일에 집중하는 편이 더 낫다. 우리 의식이 새로운 가능성을 받아들이길 거부하는 한, 새로운 가능성은 그저 우리의 영역 밖에 머물 뿐이라는 사실을 잊지 마라.

150년 전만 해도 그 누가 스위치만 올리면 방에 환한 불이 들어올 거라고 믿었겠는가? 그 누가 금속 같은 재료를 이용해 만든 비행기라는 기계가 그 엄청난 무게를 이기고, 하늘을 날고 바다를 건널 수 있을 거라고 믿었겠는가?

이 책에 나오는 9가지 실험을 순서대로 해봐도 좋고, 하루 동안 한꺼번에 다 해봐도 좋다. 내키는 대로 하라. 그 대신 당신 자신의 규칙을 만들어라. 중요한 것은 단 하나, 놀이하듯 즐겁게 하라는 것이다. 나의 경우 실험들을 종이에 적어가며 하는 게 도움이 됐다. 실험을 시작하기 전과 후에 내 생각과 느낌들을 그대로 기록했다. 우리는 이미 머릿속에 들어 있는 대본과 일치하지 않는 경험들을 쉽사리 잊어버리거나 적당히 편집하는 경향이 있어, 기록을 해둘 경우 자신감을 높이는 데 도움이 된다.

자면서 꾸는 꿈들도 깨자마자 기록하지 않으면 금세 잊어버리듯 '비전통적인' 경험들도 기록하지 않으면 잊어버리게 마련이다. 나는 메모지에 기록한 것들을 다시 들여다보면서, 내가 얼마나 많은 기적들을 깨어 있는 의식의 창 바깥으로 던져버렸는지 깨닫고 놀라곤 한다. 그래서 당신이 내 경험에 의거해 실험을 마친 다음에는 보고서를 작성할 수 있도록 했다.

나는 또한 당신이 다음 세 구절을 마음속에 잘 간직해둘 것을 권한다.

- 실험은 쉽다.
- 실험은 중요하지 않다.*
- 누구든 이 실험을 할 수 있다.

---

*결국 삶은 늘 제대로 잘 풀려갈 것이므로, 사실상 이 실험들은 그리 중요하지 않다. 기왕 한다면, 실험에는 가벼운 마음으로 즐겁게 임해야 한다. 이 실험이 너무 중요하다고 생각할 경우, 즉 이 실험을 너무 진지하게 받아들일 경우, 좋은 결과를 기대할 수 없다.

제발 방해하라

"무언가 자연의 문제들을 파고들 때, 나는 그 일을 성경의 관점이 아니라, 실험과 입증의 관점에서 시작해야 한다고 생각한다."
— 갈릴레오 갈릴레이Galileo Galilei, 천문학자

우주가 우리 생각들에 즉각 반응한다는 것은 아주 중요한 사실이다. 그리고 우리가 무언가를 관찰하면 반드시 그것에 영향을 주게 된다는 것은 '가장' 중요한 사실이다. 그러나 '가장'이라는 말을 썼다고 해서 더없이 진지한 자세로 임해야 한다는 뜻은 아니다. 오히려 실험에 재미있게 임할수록 결과는 더 좋게 마련이다.

현재의 1.0 세계관에서는, 실험에는 실수 없이 진지하게 임해야 한다는 인식이 팽배해 재미가 과소평가되는 경우가 많다. 또한 신이나 과학, 에너지 등 중요한 것들에는 절대 재미로 접근해서는 안 된다고 본다. 그래서 실험은 전문가들에게 맡겨야 한다고 여긴다. 우리같이 자격 없는 사람들은 당연히 접근 금지다. 이 얼마나 웃기는 일인가! 우주의 모든 이가 연결되어 있다면(물론 양자역학에 따르면, 나는 실제로 모든 이와 연결되어 있다), 내가 왜 스티븐 호킹Stephen Hawking 같은 석학들과 함께 인류 문명을 발전시켜선 안 된단 말인가? 내가 무언가를 바라봄으로써 사랑을 전달할 수 있다면, 왜 기회 있을 때마다 그런 초능력을 발휘해선 안 된단 말인가?

그래서 나는 이런 제안을 하고 싶다. 세상을 변화시키는 이 실험들을 우리 모두의 파티로 만들자. 모든 사람을 다 참여시키자. 정말 재미있

어 어느 누구도 실험을 마다할 수 없게 만들자.

이 책에 나오는 실험들은 《E²》에서 소개한 실험들의 필연적 결과로, 민주적이며 누구나 시도할 수 있을 만큼 쉽다. 또한 실제로 실험실에서 과학자들이 진행하는 실험만큼이나 과학적으로 만들어졌다. 단, 실수도 재미도 허용하지 않는 분위기에서 진지하게 이 실험들에 임한다면 그것은 잘못이다. 목에 힘을 준 채 "자, 그 어떤 실수도 용납하지 않는다는 자세로 시작하자!"라고 해서는 좋은 결과를 기대할 수 없고, 자기방어가 군림하는 왜곡된 세계에 당신 자신을 빠지게 할 뿐이다. 나는 모든 사람이 모래 놀이터에 뛰어들어 질펀하게 놀아야 한다고 생각한다. 내 철학이 무엇이냐고? 당연히 '재미있게 해라'다.

알베르트 아인슈타인Albert Einstein은 재미있고, 기발하고, 새로운 발견은 서로 손을 잡고 간다고 했다. 그는 또 위대한 정신들은 규칙을 무시하고 창의성을 중시하며, 체제에 얽매이지 않는다고 했다. 표준화된 테스트나 이것을 위한 7가지 규칙, 저것을 위한 8가지 단계 등에 따르다 보면, 평범한 것밖에 나오지 않는다. 아인슈타인의 말을 빌리자면, 창의성이란 '근육을 써야 하는 재미있고 시각적인' 것이다. 실제로 실험을 재미있게 할수록 그 결과 또한 더 빨리 나타난다. 재미있게 하면 왼쪽 뇌의 덫에서 풀려나, 제한된 공간과 시간이라는 정신적 틀에서도 벗어나게 된다.

필요한 것은 실천이다

"그 누구든 살다 보면, 어느 시점에 내면의 불이 꺼지게 된다. 그럴 때 다른 인간을 만나면, 그 불길이 다시 타오르게 된다."
– 알베르트 슈바이처, 의사이자 선교사

이제 마지막 전략에 대해 말해야겠다. 그룹을 만들어보라. 깨우침의 길을 가면서 서로 격려하고, 축하하고, 당신의 인식에 자극을 주는 데는 친한 동료만큼 좋은 사람도 없다. 그룹이라고 해서 꼭 많은 사람이 필요한 건 아니다. 나의 경우, 단 2명도 좋은 그룹이었다.

신경과학자들에 따르면, 인간은 주변 사람들의 행동 및 감정과 상호 교감한다. 서로 말이 없어도 사람들 사이에는 계속 교감이 오가기 때문에, 주변에서 누군가가 하품을 하면 설사 그 전날 밤에 10시간 이상 잤다 해도 같이 하품을 하게 된다는 것이다. 그룹을 이뤄 신나는 춤을 추거나 공연장에서 관중들과 함께 환호성을 지르면 기분이 좋아지는 것도 같은 이치다. 내가 고향인 캔자스 주 로렌스에서 두 그룹에 몸담고 있는 것도 다 그런 사람들 간의 교감 때문이다. 우리는 매주(한 그룹에선 한 달에 2번) 한곳에 모여 양자 물리학과 영적인 세계 그리고 의식이 우리 삶의 토대를 만들어낸다는 사실에 대해 토론을 벌인다. 그룹 미팅에 참여하고 나면, 늘 기쁨과 사랑과 창의적인 생각들이 가득 차올라 춤추듯 모임 장소를 빠져나온다.

이렇게 늘 많은 기쁨과 사랑을 느끼기에, 이런 질문을 하지 않을 수 없다. 사람들은 왜 그룹 활동을 하지 않는 것일까? 어떤 그룹에도 속해 있지 않다면, 당장 그룹에 가입해보라. 혹은 이 책에서 소개하는 훈련들을 하며 함께 '빈둥거릴' 친구들 목록을 만들어보라. 나는 일부러 '빈둥거린다'라는 말을 썼다. 이 실험들에 너무 진지하게 임하지 않는 것이 중요하다는 이야기다. 한 번 더 강조하지만, 많이 웃을수록 그리고 게임하듯 재미있게 훈련할수록 실험 결과는 더 좋아진다.

가능성의 장으로 향하는 관문

"기쁨이 넘쳐 흐르는 상태에서는 주변 모든 것과 잘 조화되며, (…) 손에 넣지 못할 것도 없고, 도달하지 못할 곳도 없다."
– 람타Ramtha, 고대의 영적 스승

2년 전쯤 내가 속한 그룹의 한 여성 회원이 '재미있는 일은 절대 거절하지 않겠다'라는 새해 결심을 했다. 누구든 콘서트를 함께 가자거나 춤추러 가자거나 점심 먹으러 가자고 하면, 무조건 "좋지!" 하며 따라 나서겠다는 것이었다.

그녀는 자신이 평소 아이들을 돌봐야 한다거나 바쁘다거나 피곤하다는 이유를 대가며 사람들의 초대를 거절하고 있다는 걸 깨달았다. 아마 어떤 상황인지 이해가 갈 것이다. 성인이 즐거운 시간을 보낼 수 있는 초대를 거절할 때 댈 수 있는 그럴싸한 이유는 수도 없이 많다. 그런데 그녀는, 아이들은 그런 초대를 거절하는 법이 없다는 사실을 알게 됐다. 아닌 게 아니라 아이들은 끊임없이 즐거운 일을 찾아 나선다. 10

대들 역시 파티 초대를 거절하는 법이 없다. 끝나는 시간이 아무리 늦어도, 부모 속을 아무리 뒤집어도 말이다.

그렇다면 이렇게 바뀐 시기는 언제일까? 즉 우리는 언제부터 즐거운 시간을 보낼 수 있는 기회를 거절하기 시작한 것일까? 그녀는 모든 초대에 무조건 "좋지!" 하며 따라나선 이후 깨달은 것이 있었다. 집에 있으면 에너지를 비축할 수 있을 거라 생각했지만, 실은 밖에 나갔을 때 에너지가 더 넘쳐흐르게 되더라는 사실이었다. 이전에는 피곤함 때문에 이런저런 초대를 거절했지만, 이제 피곤하다는 느낌 자체가 완전히 사라져버렸다. 그녀는 이렇게 말한다.

"이젠 뭐 고민할 필요조차 없어요. 재미있는 일을 하자는 제안에는 무조건 '예스'니까요."

그룹 규칙들(물론 이런 규칙들은 무시해도 좋다)
- **이 그룹에서는 잘되어가는 것들에 대해서만 이야기해라.** 잘못된 것들에 대해 이야기하면서 부당한 것을 바로잡으려는 그룹은 셀 수 없이 많다. 그러나 이 그룹에서는 솔직해지자. 당신 삶에서 일어나는 축복과 기적들에 집중하라.
- **재미있는 시간을 보내라.**
- **지나칠 정도로 즐거운 시간을 보내라.**

이상이다. 이제 시작하라. 그리고 부디 성공하길 바란다.

> **나의 블로그 이야기**

나를 완전히 매료시킨
블로그의 세계

《E²》 출간을 앞두고 헤이 하우스 출판사에서 내게 마이클 하얏트Michael Hyatt가 쓴 《플랫폼Platform》이라는 책을 보내왔다. 소셜미디어 전문가가 되는 방법을 소개하는 마케팅 입문서 성격의 책이었다. 헤이 하우스 출판사 측은 그 책을 내게 꼭 읽어보라고 했다. 마케팅과는 아주 거리가 먼 사람인 나는 '대체 어쩌라는 거지?' 싶었다. 나는 여행 기사를 쓰느라 너무 바빠 시간 여유가 없었다. 그러나 한번 시도해보기로 했다.

《플랫폼》의 골자는 블로그를 시작해 매일 글을 올리라는 것이었다. 별로 와닿지 않았지만, 당시 나는 블로깅이 기적 수업에 나오는 '주는 것과 받는 것은 실은 하나다'라는 말을 실생활에 적용해볼 좋은 기회라고 생각했다.

처음 블로그에 글을 올리던 날 기분이 어땠는지 지금도 기억에 생생하다. 블로그 세계에 내 모습을 드러내는 일이 그렇게 떨릴 수 없었다. 물론 처음에는 블로그 이웃도 우리 엄마를 포함해 5명밖에 안 됐다(엄마, 감사해요!). 그런데 블로그에 올리는 포스트들에 《E²》에서 소개했던 강력한 원칙들을 조금씩 선보이기 시작하면서, 나는 내가 그 원칙들을 사랑하고, 블로깅도 사랑하며, 블로그 방문객들로부터 들어오는 긍정적인 반응도 사랑한다는 사실을 깨달았다. 나는 따뜻한 우유에 사족을 못 쓰는 새끼 고양이처럼 그렇게 블로그의 세계에 푹 빠져들었다.

이런 이유로 2부에서는 각 실험을 소개할 때 내 블로그에 올렸던 관련 포스트들도 첨부할 생각이다. 즐겁게 읽어봐주길 바란다.

여전히 초기 설정된 채로 움직이는
가장 위험한 '잘못된 믿음' 5가지

"당신이 스스로에게 가르치는 그 모든 것 탓에, 당신 힘이 점점 약해지고 있다."
- 기적 수업

현재 믿고 있는 것과 행동의 근거로 삼고 있는 것들은 거의 다 우리가 유치원에 들어가기 훨씬 이전에 배운 것들이다. 즉 우리는 아직까지도 아주 어린 시절에 초기 설정된 정신적 · 정서적 틀에 따라 움직이고 있다. 그 초기 설정치는 순간에 충실한 삶을 살지 못할 때마다 우리 삶에 영향을 미친다. 무언가를 '생각'하기 시작하자마자 그 초기 설정치가 끼어드는 것인데, 문제는 그 설정된 믿음들이 다음과 같이 잘못된 믿음이라는 것이다.

<u>잘못된 믿음1: 스스로를 치유하려면 외부 도움을 받아야 한다.</u> 어린 시절 우리가 콧물을 흘리거나 열이 나면, 부모님은 우리를 업고 병원으로 달려갔다. 아니면 우리에게 구역질날 만큼 달콤한 시럽이나 알약을 주면서 무심결에 '사람 몸은 스스로 치유될 능력이 없다'고 믿게 만들었다. 물론 그것은 우리를 위한다고 한 행동이지만, 그로 인해 만들어진 믿음은 분명히 잘못된 것이다. 이는 머릿속 깊이 스며들어 모든 것을 치유할 수 있는 능력을 지닌 우리 몸을 믿지 못하게 한다.

<u>잘못된 믿음2: 내면의 목소리를 잠재우는 것이 최선이다.</u> 우리는 조용하고 나직한 내면의 목소리(주의 깊게 귀 기울이면, 크고 명료한 목소리지만)에 귀

기울이는 법 대신, 이런저런 규칙들에 따르라고 배웠다. 세상에는 옳고 그른 것, 참된 것과 거짓된 것, 선한 것과 악한 것이 있다고도 배웠다. 그러나 진리에 귀 기울인다면, 그런 개념들은 아무런 소용도 없다.

잘못된 믿음3: 돈은 나무에 주렁주렁 달리는 것이 아니다. 사실 종이돈은 나무로부터 시작됐다. 그러나 유감스럽게도 우리가 걸음마를 떼기도 전에 돈이 부족하다는 메시지가 우리 마음속에 깊이 각인됐다. 세상은 놀라울 정도로 풍요롭다. 책임감 있고 깨어 있는 부모라면, 앞장서서 아이들에게 그런 사실을 가르쳐야 한다.

잘못된 믿음4: 성공하려면 뼈 빠지게 일해야 한다. '노력 없이 얻을 수 있는 건 없다'는 말로도 알려진 이 잘못된 믿음 때문에, 우리는 평생 많은 고통과 시련을 겪는다. 그러나 실은 모든 것이 우리 생각에서 나오는 것이다. 모든 것이 말이다! 실제로 자신이 좋아하는 일을 하면, 일 자체가 즐거운 놀이나 다름없어진다. 좋아서 하는 일은 설사 아무 대가를 받지 않고 해도 즐겁다. 열심히 노력하는 것은 별개의 일이다. 뼈 빠지게 일하는 것이야 오죽하겠는가.

잘못된 믿음5: 세상은 무섭고 위험한 곳이다. 요즘 어린아이들은 어른이 지켜보지 않는 상황에서는 혼자 집 밖에 나가는 일조차 제대로 하지 못한다. 그러나 나는 딸에게 이렇게 가르친다. 세상은 아주 너그럽고, 정말 좋은 사람들이 많다고. 또한 기회만 주어진다면 모든 사람이 착하게 행동한다고.

실험1.
일상 속 행복의 문제

> **1.0 세계관:** 일은 일어나게 되어 있다. 그래서 나는 기분이 나쁘다. 얼굴에서 그 바보 같은 웃음을 지워라.
>
> **2.0 세계관:** 문화적인 훈련만 받지 않는다면, 기쁨이 당신의 자연스러운 상태가 될 것이다. 즐거울수록 인생도 더 잘 풀린다.

전제

"학교에 갔더니, 이다음에 커서 무엇이 되고 싶으냐고 묻는다. 나는 '행복한 사람'이라고 적었다. 그랬더니 내가 질문을 잘못 이해한 것 같다고 했다. 그래서 나는 당신들이 인생을 잘 이해하지 못하고 있는 거라고 말해주었다."
— 존 레논John Lennon, 비틀스The Beatles의 멤버

지난해 나는 '아프리카 최고의 새로운 사파리 여행들'에 대한 기사를 쓰면서, 잘 알려지지 않은 코뿔소에 대한 사실을 하나 알게 됐다. 코뿔소는 시력이 아주 안 좋아서, 5m도 안 되는 거리에서 사람과 나무도 구분하지 못할 정도라는 것이다. 흔히 코뿔소로부터 공격당하는 것이 아프리카에서 가장 무서운 일들 중 하나라고 하는데, 실은 그게 전혀 걱정할 일이 아닌 거였다.

코뿔소들은 무언가에 겁을 집어먹을 경우, 전속력으로 내달리기 시

작한다. 몸무게가 4t이나 되는 거대한 코뿔소가 크고 날카로운 뿔을 세운 채 씩씩거리며 달려온다면, 그보다 무시무시한 일도 없을 것이다. 그러나 코뿔소들은 근시이므로 사실 당신을 공격하려고 달려오는 것이 아니다. 무언가에 겁을 집어먹고, 처음 내달리기 시작한 방향으로 죽어라 달려가고 있는 것뿐이다. 그러니 당신은 그저 코뿔소를 피해 옆으로 비켜나기만 하면 된다. 그러면 코뿔소는 달리던 방향으로 계속 가다가 제풀에 지쳐 멈추거나, 더는 위험하지 않다는 걸 깨닫고 멈출 것이다.

우리의 생각은 겁먹은 코뿔소와 같다. 일단 생각에 탄력이 붙으면 방향을 바꾸기가 아주 어렵다. 아침에 일어날 때마다 "오늘은 무언가 아주 놀랍고 멋진 일이 일어날 거야"라고 선언하기를 실천하면서 내 삶에 혁명적인 변화가 일어난 것도 바로 이 때문이다. 매일 아침 이 간단한 선언을 하는 데 10초밖에 안 걸린다. 굳이 선택해야 한다면, 나는 아침 샤워를 포기하는 한이 있어도 이 간단한 아침 의식만큼은 절대 포기하지 않을 작정이다.

이 실험에서 당신은 매일 아침 첫 몇 분간 생각의 방향을 바꾸면 인생 대본을 새로 쓸 수 있게 된다는 사실을 입증할 수 있을 것이다. 이러쿵저러쿵하는 부정적인 생각들로 향하는 공급관을 잘라버림으로써, 매일의 현실이 변화하는 것을 보게 될 것이다. 의식적으로 감사와 기쁨에 집중하며 하루를 시작함으로써, 삶에 생기가 넘치기 시작할 것이다.

아침에 눈을 떴을 때 제일 먼저 마음속에 떠오르는 생각이 무엇인가? '유후, 아침이네! 이제 파티를 시작해야지!' 하는 생각이 드는가?

아니면 '빌어먹을! 또 시작이군!' 하는 생각이 드는가?

　당신의 첫 생각이 천하무적의 무기가 될 수 있다. 아무 생각 없이 평상시의 부정적인 대본을 되뇌지 않고, 어제를 손에서 내려놓은 후 자연스러운 기쁨을 느끼게 된다면 특히 더 그럴 것이다.

　우주는 엄연히 살아 숨 쉬고, 그 덕에 우리 생각들은 현실화된다. 행복한 생각을 갖는 것은 당신이 당신 자신을 위해 할 수 있는 가장 가치 있는 일들 중 하나다. 그러므로 좋은 감정들을 최대한 많이 갖는 것이 그 무엇보다 중요하다.

깨져버린 공식

"우리 인생이 아무리 복잡하고 개판이고 고약하더라도, 바로 지금, 바로 여기에서 비참해질지 아니면 행복해질지를 결정해야 한다."
– 크리스 맥콤스Chris McCombs, 피트니스 코치

　소설가 헨리 제임스Henry James의 형인 하버드대학교 심리학과 교수 윌리엄스 제임스Williams James는 인간이 습관 덩어리에 지나지 않는다는 말을 즐겨 했다. 사고 습관이란 워낙 자동적이어서, 우리는 잠시 시간을 내어 그 습관들이 우리 기대와 행동과 매일 우리 앞에 나타나는 일들에 얼마나 큰 영향을 주는지 생각해볼 겨를조차 갖지 못한 채 산다.

　당신은 자신이 늘 새로운 생각들을 하고 새로운 계획을 짜고 있다고 생각하지만, 사실 대부분의 사람들은 수십 년간 새로운 생각을 해본 적

이 없다. 당신은 뇌가 매초 받아들이는 4,000억 비트의 정보를, 우리 문화를 지배하는 패러다임의 렌즈를 통해 걸러낸다. 그 결과, 당신이 인지할 수 있는 정보는 어린 시절 만들어놓은 뇌 신경세포 연결 통로들에 들어맞는 2,000비트의 정보뿐이다. 결국 당신은 어린 시절 자신도 모르는 새에 뇌 신경세포 연결 통로들에 새겨 넣은 프로그램들에 따라 로봇처럼 살아가고 있는 것이다. 그 같은 사고 습관들 가운데 일부는 도움이 되지만, 대부분은 그렇지가 않다.

희소식이 있다면, 한때 과학자들이 평생 변치 않는다고 믿었던 우리의 뇌 신경세포 연결 통로들이 실은 얼마든지 변화할 수 있다는 것이다. 매일 아침 눈을 떠 벅찬 기대감으로 하루를 시작할 경우 삶이 극적으로 바뀔 수 있는 것도, 바로 이 때문이다. 그러나 힘을 써야 하는 모든 운동이 그러하듯 그리 되려면 연습이 필요하다.

꿈과 목표가 이루어지는 순간 행복해질 거라고 믿는 사람들이 아주 많다. 이 패러다임은 늘 '수입이 늘어나면 행복해질 텐데' '아들에게서 전화가 오면 당장 행복해질 텐데' '새로운 대통령이 취임하면 행복해질 텐데' 하는 식이다. 그러나 실은 그렇지가 않다.

"행복해지고 싶은가?"라는 질문에 "아니오"라고 답할 사람도 없겠지만, 행복해지는 걸 스스로 선택할 수 있다고 믿는 사람도 거의 없을 것이다. 우리는 행복해지거나 불행해지는 것은 순전히 운의 문제요, 주사위 던지기로 결정되는 일이라고 생각하기 때문이다.

즐거운 것과 즐겁지 않은 것에 대한 우리의 판단은 사전에 프로그래밍된 무한 반복 테이프처럼 이미 다 정해져 있다. 그리고 우리는 스탈린의 군대처럼 무조건 그것들을 향해 행군한다. 절대 '이것이 정말 사실인가?'와 같은 의문을 제기할 생각을 하지 못하는 것이다. 그러나 다음과 같은 것들은 사실일까?

- 친구들과 어울리는 건 즐겁다. 카펫 청소하는 건 그렇지 않다.
- 잠자는 건 즐겁다. 일하러 가는 건 그렇지 않다.
- 영화 보러 가는 건 즐겁다. 치과에 가는 건 그렇지 않다.

아마 이런 믿음에 반대하는 사람은 거의 없을 것이다. 목사가 신을 믿듯 우리 대부분은 이런 것들을 믿는다. 그러나 매사 이런 식으로 생각함으로써, 우리는 삶의 풍요로움을 제대로 즐기지 못하게 된다. 우리가 계속 이런 식으로 생각하게 되는 것은 우리 주변의 '그 누군가' 때문이 아니다. 끊임없이 사람을 행복하게 만들거나 불행하게 만드는 것들에 대한 의견과 믿음을 우리에게 주입하는 것은 우리 마음속에 있다. 이 뻔뻔한 중고차 판매원(나는 지금 우리 마음을 말하는 것이다)은 거짓말을 밥 먹듯이 한다.

이번 실험에서 우리는 이런저런 불만족스러운 일들에 집착하지 않고 우리에게 주어진 많은 선물들을 둘러본다면, 삶이 더없이 단순해지고 즐거워질 수 있다는 것을 입증하게 될 것이다. 그렇다. 이 장은 행복을 좌우하는 것은 우리 마음이라는 사실을 입증하는 감사의 장이다.

가치 있는 생각들을 하라

"세상은 그것을 만들어내는 이의 마음속에만 있다."
– 기적 수업

세상에 어떤 정신 빠진 사람이 식당에 들어가 메뉴판을 들여다본 뒤 전혀 원치 않는 음식을 주문하겠는가? 또 어떤 사람이 대형 할인매장에서 쇼핑을 하며 선반에서 가장 마음에 들지 않는 옷을 골라 들고 계산대로 가겠는가?

그런데 우리 대부분은 생각을 하거나 대화를 할 때 그렇게 한다. 그야말로 일어나길 원치 않는 일들에만 집중하고, 두려운 것과 부정적인 것 그리고 부족한 것에만 집중하는 것이다. 그렇게 해서 내리는 결정들은 마음에 안 드는 옷이나 음식보다 우리 삶에 훨씬 더 큰 영향을 준다. 말 그대로 우리는 무엇이든 우리가 집중적으로 생각하는 것들을 이 우주로부터 받게 된다. 즉, 주문하는 대로 받게 되는 것이다. 이는 불변의 법칙이다.

어떤 이들은 생각이란 스스로 어쩔 수 없는 것이라고, 그러니까 머릿속에 떠오르는 이런저런 생각들은 자신의 통제 밖에 있다고 주장한다. 계속 그렇게 믿고 싶다면, 이는 당신의 자유다. 그러나 잘 알겠지만, 이런 주장은 전혀 옳지 않다. 우리는 매 순간 우리 에너지가 집중되는 대상을 스스로 선택한다. 늘 그렇다.

우리 마음은 습관적으로 우리가 오래전부터 가져온 낡은 생각들로 돌아가려 하기 때문에, 원하는 것에만 집중하는 새로운 습관을 들이려면 재훈련이 필요하다는 사실을 굳이 부인하지는 않겠다. 그러나 우리에게는 그런 재훈련을 받을 능력이 있다. 또한 나는 당신이 나와 함께 오직 새로운 가능성과 사랑에만 집중하고, 또 우리가 만들 수 있는 새로운 세상에만 집중하기를 바란다. 이것은 분명 아주 급진적인 아이디어이지만, 늘 같은 것, 과거부터 계속된 낡은 것들만 생각하는 것보다는 분명 더 낫다.

고도를 기다리며

"영적 수행이란 화분에 심은 식물을 햇빛이 잘 드는 창가로 옮기듯 훈련을 통해 우리 마음을 경건함 쪽으로 옮기는 것이다."
– 라나 마리Lana Maree, 음악가

다음은 이번 실험과 관련된 중요한 목표 설정 연습이다. 잘 생각한 다음 빈칸을 채워라.

- 만일 _____하게 된다면, 나는 행복할 것이다.
- _____ 하자마자, 나는 행복해질 것이다.
- 만일 _____이 _____하기만 한다면, 나는 행복해질 것이다.

이제 펜을 들어 각 문장의 쉼표 앞부분을 지워라. 그러면 다음과 같은 말만 남게 될 것이다.

- 나는 행복해질 것이다.

이것이 바로 이번 실험에서 당신이 목표로 삼아야 할 일이다. 이는 충만하고 완벽한 삶을 사는 데 필요한 유일한 것이기도 하다. 행복해지기로 마음먹고 어떤 상황이 닥치든 감사하다고 말하는 것은 당신이 그간 해온 일 중에서 가장 극적인 변화를 필요로 하는 일일지도 모른다. 이런 변화가 힘들 수도 있겠지만, 경고하건대 당신의 삶은 절대 이전과 같아서는 안 된다.

우리 식구들은 한자리에 모였다 하면 카드 게임을 하는데, 그때마다 똑같은 농담이 나온다. 대개는 나를 향해 하는 농담이다. 나는 사람들이 카드 게임 멤버로 끼워주고 싶어 하는 사람이 못 된다. 시도 때도 없이 멋대로 찬스를 남발하기 때문이다. 아주 큰 점수로 앞서고 있는 상황에서 30점만 추가하면 되는데 찬스를 잘못 써서 다 망쳐버리곤 하니, 얼마나 한심해 보이겠는가.

나는 큰 위험을 무릅쓰고 몽땅 베팅하는 것이 재미있다. 의자 끝에 엉덩이만 걸치고 앉아 호시탐탐 베팅 찬스를 엿보는 게 정말 스릴 넘친다. 그러다 게임에서 이기기라도 하면, 그건 그야말로 망외의 소득으로 여긴다. 그런 재미가 없다면 대체 무엇 때문에 게임을 한단 말인가. 이런 나를 보면서 내 동생 밥Bob은 이렇게 말하곤 한다.

"누나는 번번이 지지만, 누구보다 게임을 즐기는 것 같아."

이번 실험이 바로 그렇다. 즐겨야 한다. 당신의 삶을 파티로 만들어야 한다. 어떤 일이 일어나든 매 순간 자축하라. 그리고 모든 것에 감사하라. 피하 지방이 있어도 감사하고, 쇼핑하는 사람들과 문자를 즐기는 10대들, 영화배우 패리스 힐튼Paris Hilton, 민들레, 새로 난 앞니 2개를 내보이며 함박웃음을 짓는 아기에게도 감사하라. 그야말로 모든 것에 감사하는 것이다.

자, 행복해지자

"기쁨이 미소의 원천인 경우도 많지만, 미소가 기쁨의 원천인 경우도 많다."
— 틱낫한Thich Nhat Hanh, 선승

여행 작가로 일하다 보니 나는 남태평양의 작은 섬나라 쿡 아일랜드에서 온 주술치료사들도 만나고, 5성급 리조트에서 부유한 사람들도 만나고, 바다가 내려다보이는 곳에서 온갖 맛난 음식도 먹는 등 멋진 일들을 참 많이 경험할 수 있었다. 그러나 굳이 그런 일들이 아니어도 나는 늘 즐거운 시간을 보낸다. 세상이 끝나는 해라고 말들이 많았던(마야 달력에는 2012년 12월 21일까지밖에 나와 있지 않아 생긴 일이었다) 2012년에 있었던 일이 그 좋은 예다.

나는 북아메리카 남쪽에 있는 나라 벨리즈를 방문하기로 되어 있었다. 새벽 6시 비행기를 타기 위해 밤에 짐을 꾸려야 했는데, 하필 그 무렵에 허리를 삐어 벨리즈에 가는 게 불가능해졌다. 결국 나는 다른 사람들이라면 극심한 육체적 고통이라고 말할 법한 그런 통증 속에 첫날 하루를 침대에 누워 지냈다. 소변을 보러 자리에서 일어나지도 못할 지경이었다.

그러나 즐겁고 재미있게 살자는 나 자신과의 약속 때문에 실제로 나는 별처럼 빛나는 하루를 보낼 수 있었다. 정말 무척이나 행복했다. 어쨌든 즐겁게 살자고 다짐했으니까. 이제 와 돌이켜보면, 그날은 내 영적인 성장에 있어 아주 중요한 날이었다. 다음과 같은 사실을 깨달았으니 말이다.

우리가 끊임없는 행복감을 느끼지 못하도록 방해하는 것은 단 하나, 우리의 생각뿐이다.

삶의 모든 좋은 것들에 대해 진심으로 감사하며 환호성을 지르다 보면, 뇌는 물론 뇌 속 신경 전달 물질들도 변화하게 된다. 누구든 이 세상에 나타나 감사함에 넘치는 마음과 눈으로 오로지 감사할 일만 찾는다면, 그 사람은 차고 넘치는 풍요로움을 찾게 될 것이다. 자신이 얼마나 운이 좋고 얼마나 큰 축복을 받았는지 생각하면, 문자 그대로 뇌가 변한다. 활력은 더 늘어나고, 스트레스는 줄어든다. 그 정도로 성에 차지 않는다면, 불평불만을 하는 동안 놓치게 되는 모든 좋은 호르몬들(도파민, 세로토닌, 옥시토신)을 생각해보라.

우리는 원래 너 나 할 것 없이 즐거운 시간을 갖기 위해 이 세상에 나타났다. 한 연구 결과에 따르면, 걸음마를 배우는 아기들은 하루에 400

번 웃는다고 한다. 그런데 성인들은 하루에 평균 4번을 웃는다. 대체 어떻게 된 일일까?

경험이 뒷받침된 증거

"어디를 가든 빨간색 고무로 된 광대 코를 붙이고 다닌 것이 내 삶을 변화시켰다."
— 패치 아담스Patch Adams, 의사 겸 사회 활동가

의사 패치 아담스의 삶은 로빈 윌리엄스Robin Williams 주연의 영화 〈패치 아담스Patch Adams〉로 만들어지기도 했는데, 그는 기쁨이 삶을 출발시키는 플랫폼이 되어야 한다면서 다음과 같이 말했다.

"불행하다고 생각하는 건 건강에 아주 안 좋습니다. 그리고 행복은 윤리적이거나 도덕적인 문제가 아닙니다. 오래된 선택일 뿐이죠. 행복은 우리의 권리이며, 그 누구도 앗아갈 수 없어요."

패치 아담스는 의료계를 발칵 뒤집어놓았다. 그는 웨스트 버지니아 주에 있는 그의 혁신적인 병원인 게순트하이트 인스티튜트Gesundheit Institute를 통해 미국에서 가장 비싼 서비스인 의료 서비스를 무료로 베풀었다. 스스로를 '인생의 학생'이라 부르는 패치 아담스는 행복에 대한 철학을 정립하고 행복의 중요성과 행복을 쌓아가는 방법을 찾는 데 성인 시절의 대부분을 보냈다.

그러나 그가 늘 그런 삶을 살았던 것은 아니다. 사실 그가 자신의 소

명을 찾게 된 것은 정신 병동에서 2주일을 보낸 후였다.

그는 군인 자녀로 태어나 몇 해 간격으로 계속 이사를 다녔고, 그래서 걸핏하면 전학을 다녀야 했다. 그러다 열여섯 살이 되던 해에 갑자가 아버지가 세상을 떠나면서, 그는 끈 떨어진 연 꼴이 되고 말았다. 그의 어머니는 가족을 이끌고 다시 버지니아 주의 교외 지역으로 이사했고, 거기서 그는 순응자들로 넘쳐나는 사회에서 자유로운 사상을 펼치던 변호사 삼촌을 정신적 지주처럼 따랐다.

고등학교 시절 그는 내재된 슬픔을 분노로 바꾸어 인종 차별과 전쟁 그리고 종교적 위선을 비판하는 통렬한 글들을 썼다. 재즈 클럽에 가입했고, 커피숍과 당구장에 들락거렸으며, 아주 감상적인 시를 썼다. 그러다 고등학교 졸업을 앞두고 심한 궤양을 앓았다. 엎친 데 덮친 격으로 그 이듬해 대학에 들어갔을 때 그의 아버지나 다름없던 삼촌이 자살했고, 여자 친구도 그를 버렸다.

그는 학교를 중퇴한 뒤 자살 충동에 시달리기 시작했다. 매일 대학 근처에 있는 한 절벽에 찾아가 떠나버린 여자 친구에게 보내는 긴 시를 썼다. 여자 친구의 마음을 되돌리게 할 절절한 말들을 찾아 가슴 터질 듯한 소네트들도 썼다. 그는 "그렇게 해서 속에 쌓인 감정을 다 분출했다면, 아마 절벽에서 뛰어내렸을 거예요. 그런데 내겐 분출해야 할 감정이 너무 많았어요"라고 말한다.

여자 친구를 향한 마지막 호소마저 받아들여지지 않자, 그는 눈 속을 10km 가까이 터벅터벅 걸어가 어머니 집을 찾았다. 그리고 어머니에게 말했다.

"어머니, 난 지금 생을 끝내려 하고 있어요. 도움이 필요해요."

이후 버지니아 주 페어팩스에 있는 한 정신 병동에서 보낸 2주일이 그의 인생 전환점이 되었다. 그러나 그 자신의 말에 따르면, 거기서 그에게 도움을 준 것은 의사가 아니라, 그의 친구들과 가족이었다. 특히 같은 방을 썼던 루디Rudy의 도움이 컸다. 루디는 심한 신경 쇠약증 환자였다. 결혼을 3번이나 했고 직장을 15번이나 옮겼다는 그는 패치 아담스에게 너무도 외로웠던 자신의 인생 이야기를 들려주었다. 난생 처음 아담스는 다른 사람 속에서 자신의 모습을 보았다. 그러면서 머릿속에 불이 번쩍 켜졌다. 그가 말하는 이른바 '위대한 개인적 진실'을 깨달은 것이다. 행복은 '의지가 개입된 결정'의 결과라는 사실 말이다.

이후 그는 사랑과 행복과 우정에 대해 배우는 데, 기쁨으로 가득한 삶을 만드는 법을 배우는 데 모든 것을 쏟아부었다. 위대한 문학 작품들도 많이 읽었다. 니코스 카잔차키스와 장 폴 사르트르Jean-Paul Sartre, 플라톤Plato, 니체Nietzsche, 월트 휘트먼Walt Whitman 그리고 다른 많은 작가들의 책을 닥치는 대로 읽은 것이다.

그러나 무엇보다 그에게 큰 영향을 준 것은 주변 사람들과의 개인적인 교류였다. 그는 주변에서 행복한 가족들을 찾아냈고, 그들이 어떻게 기쁨과 행복을 만들어내는지 관찰했다. 심지어 전화번호부에서 무작위로 고른 50명에게 전화를 걸어 얼마나 오래 통화를 할 수 있는지 테스트하는 등 친화력을 기르는 훈련을 하기도 했다. 엘리베이터에 탄 다음 그 안에 있는 사람들과 서로 자기소개를 하는 데 얼마나 시간이 걸리는지도 실험했다. 어느 술집에서는 그곳 손님들 이야기를 하나하나 다 들은 뒤에야 자리를 뜬 적도 있었다.

정신 병동을 나오자마자 패치 아담스는 의학을 공부하기로 결심했다. 그러나 그의 정신 병동 입원 경력 때문에 의대 입학 관계자들은 9개월간 입학 허가를 내주지 않았다. 그는 그 기간 중에 오히려 마음을 다잡을 수 있었다고 한다. 입학 허가를 기다리는 동안 그는 새로 발견한 자신의 행복 이론들을 써먹기 시작했다. 그는 해군연방신용조합의 서류 보관실에 취업했는데, 그곳의 작업 환경이 그리 좋은 편은 아니었다. 그는 그 일을 기억에 남을 만한 일로 만들 수 있었을까? 그와 한 동료는 전혀 재미없고 따분한 서류 작업을 신나는 일로 바꾸기로 마음먹었다. 두 사람은 어린이용 비행사 헬멧을 쓴 채 출퇴근을 했다. 그리고 사람들이 서류를 찾아달라고 하면 장엄한 그레고리안 성가 스타일로 합창하듯 물었다.

"어떤 서류를 원하시나아-아요 Which file do you wa-ant?"

패치 아담스는 말한다.

"경박함과 사랑이라는 영양분을 섭취하며, 나는 활짝 꽃을 피웠어요. 나는 내 안의 모든 악마들을 물리쳤고, 그 덕에 지금의 내가 됐죠. 그 짧은 시기에 자신감, 지혜에 대한 사랑, 세상을 변화시키고 싶다는 욕구가 뿌리 내렸고, 절망 속에서 빠져나와 다시 태어날 수 있었어요."

경험이 뒷받침된 또 다른 증거

"자신이 어깨로 세상을 떠받치고 있는 아틀라스라는 생각을 버려라. 세상은 당신 없이도 잘 돌아간다. 자신에 대해 너무 심각하게 생각하지 마라."
– 노먼 빈센트 필Norman Vincent Peale, 《적극적 사고방식The Power of Positive Thinking》의 저자

금속을 이용해 키네틱 스컬처kinetic sculpture(움직이는 조각)를 만드는 예술가인 호바트 브라운Hobart Brown은 1998년 노벨 평화상 후보로 지명됐다. 조각가가 노벨 평화상 후보에 오르다니, 대체 그 이유가 무엇이었을까?

그는 행복을 자신의 직업으로 만들었다. 그는 이에 대해 "내 마음을 따르고, 그때그때 가장 재미있어 보이는 일을 하고, 재미없는 일은 하지 않았어요. 이로써 나는 유익한 삶을 살아왔다고 생각합니다"라고 설명한다. 이 괴짜 예술가는 자신이 수십 년간 살았던 캘리포니아 주 펀데일을 세상에 널리 알렸을 뿐 아니라, 움직이는 조각 경주를 창안해 수백만 명의 사람들에게 영감을 불어넣어 주었고, 또 삶을 더 즐겁게 생각하도록 만들었다. 그는 이런 말을 즐겨 한다.

"이 경주는 성인들이 어떻게 즐거운 삶을 살 수 있는지 묻는 질문에 답을 주는 것 같아요."

브라운이 1962년 펀데일로 이사를 왔을 때만 해도, 주로 낙농업으로 먹고사는 인구 2,500명가량의 이 조그만 곳은 거의 유령 마을이나 다름없었다. 아름다운 빅토리아 시대풍의 집들은 헐값에 팔리고 있었고, 시 행정 관련자들은 그 집들을 다 헐어버린 뒤 현대적인 집들을 지을 생각을 하고 있었다. 그리고 1800년대 말부터 거기서 살아온 농부들과

값싼 빅토리아 시대풍의 집들을 멋진 작업실로 바꾸려는 예술가들 사이에 큰 불화가 빚어지고 있었다.

그러던 중 브라운의 기발한 아이디어 덕분에 아르카타에서 출발해 펀데일에 도착하는 움직이는 조각 경주인 '키네틱 그랜드 챔피언십 Kinetic Grand Championship'이 생겨났다. 그 결과, 매년 미국 전몰장병 추모일이 낀 주말에 약 25만 명이 펀데일로 몰려들었고, 현재 펀데일 지역 경제는 200만 달러 이상의 부양 효과를 보고 있다. 물론 농부들과 예술가들 사이에 생겨났던 깊은 감정의 골도 완전히 메워졌다.

거대한 바나나에서부터 2t에 이르는 공룡, 물 위에 떠다니는 휠체어, 20m가 넘는 긴 이구아나 등 여러 형태로 만들어진 키네틱 스컬처는 주로 사람이 직접 손으로 밀거나 노를 젓거나 펌프질을 해야 움직인다. 마치 신석기 시대 유물처럼 보이기도 한다. 공짜로 얻은 자전거 부품, 버려진 잔디 깎기 기계의 기어, 페인트칠한 오수 정화조, 낡은 욕조 등 예술가들이 구할 수 있는 온갖 물건들이 전부 이 작품들의 재료로 쓰인다. 작품들은 아이 같은 상상력과 공학적 재능의 산물일 뿐 아니라, 예술가적 독창성과 동지애, 다소 광기에 가까운 열정의 산물이기도 하다.

브라운은 내 관점이 틀리지 않았음을 입증해 보이고 있다. 다른 사람들을 위해 봉사할 수 있는 최선의 방법 중 하나는 스스로 즐거울 수 있는 일을 찾아내고, 사람들로 하여금 그렇게 하는 것이 좋은 일이라는 걸 알게 해주는 것이다. 행복한 마음가짐을 갖기로 결심하면, 지루함은 호기심 어린 탐구로 바뀐다. 취소된 여행 계획은 파티로 바뀌고, 줄 서서 기다리는 일은 새로운 사람들을 만날 수 있는 좋은 기회로 탈바꿈한다. 진공청소기를 끌고 다니는 일조차 신나는 노래에 맞춰 춤추는 것처럼 즐거운 일이 된다. 비 내리는 날은 집 안에서 5가지 치즈를 맛보는 즐거운 소풍날이 될 수도 있다.

실험 방법

"즐거움의 탁자에 앉는 건 언제든 좋은 일이다."
- 에스더 힉스, 작가

진정으로 뇌의 초기 설정을 바꾸고 싶다면 또한 '삶은 힘겨운 것이다' '안 좋은 일들은 일어나게 마련이다' '유리잔의 물이 반밖에 남지 않았다'는 식의 잘못된 정보들이 담긴 뇌의 설계도를 바꾸고 싶다면, 우리는 마음속에 새로운 믿음들을 집어넣어야 한다.

　우리 뇌는 자신도 의식하지 못하는 사이에 끊임없이 우리 몸에 이런저런 메시지를 보내 중추 신경계와 근육과 힘줄과 관절 등을 움직인다. 그다음 몸은 사람들이 문자에 답하는 것보다 훨씬 더 빠른 속도로 뇌에서 보낸 메시지에 답한다. 다행히 과학자들이 말하는 이른바 '신경 가소성(뇌가 경험에 의해 변화되는 능력)' 덕에 우리 뇌는 새로운 신경 세포 경로들을 만들어낼 수 있다. 우리 뇌는 얼핏 한 덩어리의 원형질처럼 보이지만, 실은 신경 세포들이 무수히 연결된 하나의 네트워크다. 가장 자주 쓰이는 신경 세포 경로들은 시간이 지나면서 많은 차들이 다니는 고속도로처럼 점점 더 시원하게 뚫리며, 잘 쓰이지 않는 신경 세포 경로들은 사람들이 별로 다니지 않는 뒷골목처럼 점점 더 좁아진다.

다음에 내가 권하는 방법들을 활용하면 당신 뇌의 잘못된 초기 설정들을 바꾸는 데 도움이 될 것이다. 또한 이 방법들을 통해 입버릇처럼 내뱉어온 '오, 슬프도다!'라는 탄식을 멈추고, 대신 원래 우리가 누려야 했던 기쁨에 다가갈 수 있게 될 것이다. 결과적으로, 그간 당신 편이 아니었던 신경계가 당신 편으로 돌아설 것이다.

당신이 대부분의 다른 성인들과 다를 바 없다면, 당신의 '즐거움 안테나'는 지금 상당히 녹슬어 있을 것이다. 이 실험의 목적은 오로지 당신의 즐거움 안테나를 갈고 닦아 제 기능을 발휘할 수 있게 해주자는 데 있다. 이는 크게 3가지 게임으로 구성되어 있다.

게임1: 웃음으로 하루를 시작하라

좋다! 이 게임에는 내가 '기적을 입증하기 위한 체조'라 부르는 간단한 동작과 음악이 필요하다. 하루의 첫 5분을 기분 좋게 시작하는 것은 내비게이션에 목적지를 입력하는 것과 같고, 또 골프공이 떨어지길 바라는 지점에 시선을 고정시키는 것과 같다.

이 실험을 하려면 앞으로 3일간 간단한 의식만 행하면 된다. 나는 당신이 그 의식을 양치질이나 샤워와 마찬가지로, 아침 일과의 중요한 한 부분으로 만들게 되길 바란다. 내가 말하는 의식이란 이런 것이다.

미국 래퍼 듀오 LMFAO의 노래 'Party Rock Anthem'이 당신의 아침

주제가가 되게 하라. 그 노래를 모른다면, 유튜브에서 찾아보라. 그리고 앞으로 3일간 아침마다 단 5분간 당신의 뇌 속에서 다음과 같이 신나는 파티가 열리게 하라.

다음 노래들을 당신 휴대전화나 컴퓨터에 저장해놓고 들어라. 아침에 알람 음악으로 써도 좋을 것이다.

- 퍼렐 윌리엄스Pharrell Williams의 'Happy'
- 루이 암스트롱Louis Armstrong의 'What a Wonderful World'
- 아메리칸 오서즈American Authors의 'Best Day of My Life'
- R. 켈리R. Kelly의 'I Believe I can Fly'
- 밥 말리Bob Marley의 'Three Little Birds'
- 쿨앤더갱Kool and the Gang의 'Celebration'
- 제임스 브라운James Brown의 'I Feel Good'
- 블랙 아이드 피스Black Eyed Peas의 'I Gotta Feeling'

그러고는 다음과 같은 일련의 동작을 하라.

- 주먹을 불끈 쥐고, 아주 힘차게 하늘을 찔러라. 5번 되풀이한다.
- 결승전 동점 상황에서 골을 성공시킨 열정적인 라틴계 축구 선수처럼 행동하라.
- 아침에 흥겹게 춤추며 욕실로 향하라. 양치질 전에도 춤을 춰라.

* **밖에 나가 두 팔을 활짝 벌린 채 태양을 향해 인사하라.** 아무 대가도 치르지 않고 아무 요청도 하지 않는데, 매일 세상을 밝혀주는 태양이 얼마나 고마운가.

양치질을 하는 동안 퍼렐 윌리엄스의 노래 'Happy'에 맞춰 춤을 춘다면, 문자 그대로 뇌 속 신경 세포 경로들이 바뀌게 되고, 스트레스도 줄어들 것이다. 그리고 그것으로 충분치 않다고 느낄 경우, 춤을 추면서 주먹을 불끈 쥔 채 힘차게 하늘을 찔러보라. 당신을 행복하게 만들어주는 호르몬인 도파민, 세로토닌, 옥시토신 등이 마구 분출될 것이다.

게임2: 우주를 향해 당신을 웃게 만들어달라고 요청하라

가능성의 장을 향해 무언가 당신을 즐겁게 해줄 것, 무언가 당신을 큰 소리로 웃게 해줄 것을 요청하라. 앞으로 72시간 동안 이 실험을 하는 동안 정신을 집중해 '우주의 농담'이 나타나게 하는 것이다.

게임3: 무조건 감사하라

앞으로 3일 동안 당신에게 일어나는 모든 일에 감사하라. 학교에 갔던 딸이 물감 묻힌 손바닥을 종이에 찍어 만든 예쁜 칠면조 그림을 갖고 왔다든가, 이웃집에서 활짝 핀 아름다운 수국을 갖고 왔다든가 하는 정말 행복한 경험이 아니더라도 무조건 감사해야 한다. 냉장고 안에 넣어둔 먹다 남긴 치킨덮밥을 찾다가 마요네즈 병이 떨어져 깨져도 "감사합니다!", 회사 경비실 직원이 당신이 지각한 것을 보고 늦은 것 같다고 말해줘도 "감사합니다!"를 외치는 것이다.

추가 점수가 주어지는 게임

길거리에서 우스꽝스러운 행동을 해보라. 이 게임에서는 당신 어머니가 늘 그런 사람이 되면 안 된다고 경고한 그런 사람이 되어보는 것이다. 꼭 필요한 실험은 아니지만, 만일 앞의 3가지 게임을 마스터했다면, 당신은 다음과 같은 패치 아담스의 말에 공감할지도 모른다.

"감사의 바다에 뛰어들게 된 뒤로는 해변을 본 적이 없다. 감사의 바다는 그렇게 넓고, 또 넓다."

당신이 늘 의욕 넘치는 사람이라면, 사람들이 많은 공공장소에서 기쁨을 표현해도 좋다. 정해진 장소에 모여 잠시 약속된 행동을 한 뒤 바로 흩어지는 '플래시 몹 flash mob'을 혼자 해보는 것이다.

내 '바보 상자 fool box'에 모아둔 몇 가지 바보 같은 행동을 아래에 소개한다. 아, 물론 여기서 바보 상자는 오타가 아니다. 나는 '공구 상자 tool box' 대신 각종 의상과 모자와 장난감 피리가 담긴 바보 상자를 갖고 있다. 사람들을 즐겁게 해주려고 일부러 빨간 코를 붙이고 다닌 패치 아담스는 잘 알겠지만, 여기 소개하는 바보 같은 행동들을 하고 나면 당신은 아주 즐거워질 것이다.

- **친구에게 부탁해 함께 기이한 의상을 입어보라.** 그리고 나가서 커피를 사 마셔라.

- **아주 커다란 봉제 동물 인형을 데리고 시내를 돌아다녀보라.** 나는 예전에 쓴 책《신에게는 모든 게 잘 안 풀리는 날이란 없다》에서도 사람들이 얼마나 다정한지 보여주고자 독자들에게 이 행동을 해보라고 권한 적이 있다. 내가 몬태나 주에서 여행기를 쓰고 아주 커다란 북미산 큰 사슴 인형을 데리고 돌아왔을 때 많은 사람들은 내게 다정하게 다가와 관심을 보였다. 누군가는 키가 1m도 더 되는 곰 인형을 데리고 미국 동부 뉴저지 주에서 우리 집(나는 미국 중서부 미주리 주에 살고 있다)까지 걸어와보라는 제안을 하기도 했다.

- **프리 허그free hug를 하라.** '프리 허그'라 적힌 팻말을 들고, 시내 쇼핑몰로 찾아가 사람들에게 프리 허그 기회를 주어라.

- **무언가를 주겠다고 구걸해보라.** 나는 이것을 점성술사 롭 브레즈스니Rob Brezsny에게 배웠다. 그는 사람들에게 매사를 너무 심각하게 받아들이는 것이 얼마나 위험한지 알리는 일을 한다. 그래서 적어도 1년에 한 번은 고속도로 진출 램프에서 5달러짜리 지폐들과 팻말을 하나 들고 선다. 그 팻말에는 '나는 드려야 합니다. 제발 내 돈을 받아가 주세요'라는 말이 쓰여 있다.

- **동네 식료품점 안에서 큰 소리로 노래를 불러보라.**

실험 보고서

실험: 일상 속 행복의 문제

이론: 즐거울수록 인생은 더 잘 풀린다.

의문: 기쁨이 내 자연스러운 상태가 되는 것이 가능할까? 직업도 없고, 인간관계도 그저 그렇고, 통장에 잔고가 별로 없어도 행복해진다는 것이 가능할까?

가설: 이런저런 문제와 부정적인 생각들로 통하는 공급관을 끊어버린다면, 나는 보다 많은 기쁨을 느낄 수 있게 될 것이고, 그 결과 선함으로 향하는 채널들이 활짝 열릴 것이다.

주어진 시간: 3일

오늘의 날짜: _____ **시각:** _____

접근 방식: 나는 매일 아침 무엇보다 먼저 팸 그라우트가 권한 간단한 일들을 할 것이다. 그녀가 권한 노래들을 들을 것이고, 그녀가 가르쳐준 그 별난 체조들을 할 것이다. 또한 이 훈련을 처음 시작할 때와 끝냈을 때의 기분을 기록할 것이다. 또한 앞으로 3일간 어떤 일이 일어나든 "와, 정말 놀랍군!"이란 감탄사를 내뱉을 것이다. 그리고 우주를 향해 나를 웃게 해줄 말을 해달라고 요청할 것이다.

실험을 시작하는 지금의 느낌:
_____
_____

3일 후의 느낌: _____
_____

연구 노트: _____
_____
_____

> "아침에 눈을 뜨면 밝은 빛과 당신의 삶과 당신의 힘에 감사하라.
> 또한 당신에게 주어진 음식과 삶의 기쁨에 감사하라."
> – 테쿰세Tecumseh, 원주민 추장

> 나의 블로그 이야기

올 한 해, 매직 스크린에 전혀 다른 이야기를 쓰는 데 52만 5,600분을 보내라

당신은 아마 미국의 철학자이자 시인인 조지 산타야나^{George Santayana}가 한 다음과 같은 유명한 말을 골백번은 들었을 것이다.

"과거를 기억하지 못하는 이들은 그 과거를 되풀이할 수밖에 없다."

나는 이 기회를 빌려 우리가 과거를 되풀이하게 되는 건 우리의 기억 때문이라는 사실을 지적하고 싶다. 만일 아침마다 우리가 이런저런 것들이 어떻게 반응하는지, 이 세상은 어떤 위험한 길로 나아가고 있는지, 또 우리의 재정 상태가 어떤지 등에 대해 아무 생각 없이 깨어난다면, 다시 말해 마치 아무것도 쓰여 있지 않은 깨끗한 매직 스크린 같은 정신 상태로 깨어난다면, 우리는 썼다 지웠다 할 수 있는 그 매직 스크린에 전혀 새로운 이야기를 마음껏 써내려갈 수 있을 것이다.

우리는 우리의 현실을 만들어내는 능력을 갖고 있지만, 그 놀라운 능력은 전혀 써먹지 못한 채 과거를 토대로 우리 현실을 만들어가는 경향이 있다. 그러니 매일 아침 잠에서 깰 때마다 어제 우리가 만들어낸 진부하고 또 진부한 것들에만 집중하는 것이다. 설상가상으로 진부하고 또 진부한 어제의 것들은 '두려움과 착각의 체'에 걸러진다. 결국 우리가 되풀이할 수밖에 없는 과거는 정확하지조차 않다.

나는 이 시점에서 당신에게 다음과 같은 사실을 상기시키고 싶다. 당신은 당신의 생각들을 좌지우지하는 선장이며, 당신의 매직 스크린에 무엇이든 쓸 수 있는 주인이고, 언제든 마음만 먹으면 어제의 기억들을 집어던질 수 있는 사람이다. 그러므로 모든 걸 처음부터 다시 시작하라는 것이다.

당신에게 무언가에 집중하라고 강요하는 사람은 없다. 선택은 당신이 하는 것이다. 무엇 때문에 판에 박힌 지겨운 멜로드라마를 써야 한단 말인가? 무엇 때문에 오늘이 꼭 어제 같다고 생각해야 한단 말인가? 당신은 정말 당신 보스가 멍청한 인간이라고 확신하는가? 당신 파트너가 당신이 원하는 건 죄다 들어주지 않을 거라고 확신하는가? 만일 그들이 그렇게 행동하는 게 다 당신이 오랜 기간 만들어낸 현실에서 비롯되는 거라면, 어쩌겠는가? 지금 당장 즐거운 현실을 만들기로 마음먹지 못할 이유가 있는가? 선택은 당신이 하는 것이다. 언제나 그렇다.

기적 수업의 주요 논지를 한마디로 줄이자면, 그것은 용서다. 여기서 용서란 어제의 잘못에 대해 누군가를 용서한다는 의미가 아니다. 어제를 그냥 가게 내버려두되, 그런 행동이 보답으로 돌아올 거라 생각하지는 않는다는 의미다. 그런 의미에서 '과거를 기억하겠다'는 당신의 결정 역시 용서하지 못할 이유가 없는 법이다.

실험2.
강력한 믿음의 문제

> 1.0 세계관: 삶은 우리에게 일어나는 것이다.
> 2.0 세계관: 삶은 우리 자신에게서 나오는 것이다.

전제

"삶은 당신에게 오는 것이 아니라, 당신에게서 나오는 것이다."
– 제이슨 므라즈 Jason Mraz, 가수

영화 〈매트릭스 The Matrix〉에서 주인공 네오 Neo는 선택의 기로에 서게 된다. 파란 알약을 먹고 자신의 힘을 모른 채 지내거나, 빨간 알약을 먹고 사전 프로그래밍된 대본 없이 현실을 깨닫게 되거나. 둘 중 하나를 선택해야 한다.

이 실험에서 당신은 빨간 알약을 먹을 기회를 갖게 될 것이다. 《E^2》에서 나는 가정용 구급상자에서 볼 수 있는 모든 빨간 알약을 권했는데, 그 알약들은 대개 기분 좋게 삼킬 수 있는 것들이었다. 빨간 알약을 권하는 입장에서 나는 곧 다음과 같은 사실을 배우게 됐다. 예비 단계에서 설명했던 것처럼, 만일 당신이 《E^2》의 원칙들을 믿고 따른다면 훨씬 더 많은 이야기와 징표와 우연의 일치 같은 일들을 목격하게 될 것이라는 사실 말이다.

그간 나는 사람들로부터 온갖 종류의 새로운 책들을 소개받았는데, 천체 물리학자 버나드 하이시Bernard Haisch의 매력적인 책도 그중 하나였다. 버나드 하이시의 책은 그야말로 어느 날 갑자기 선물처럼 내게 주어졌다.

한번은 캔자스 주 위치타 시 근처에서 한 검사와 함께 야외에서 점심을 먹으며 2시간가량 멋진 시간을 보낸 적이 있다. 그때 그 검사가 "이걸 읽어보세요"라며 불쑥 버나드 하이시의 책을 내밀었다. 그 검사에게 받은 버나드 하이시의 책 《신 이론The God Theory》을 읽으면서, 나는 '궁극적으로 여러 자연 법칙과 물질과 에너지를 만들어내는 것은 사람의 의식'이라는 나의 생각과 믿음들을 한층 더 강화할 수 있었다. 그의 말처럼 "우주의 목적은 신이 자신의 잠재력을 경험해보려는 데 있는 것"이라고, 나는 믿는다.

신에게 놀라운 경험, 즉 찬미와 기쁨과 엄청난 재미로 가득한 경험을 할 수 있는 기회를 주자는 의미에서 이번 실험에서는 우리의 믿음과 기대로 가능성의 장에 영향을 주고 원하는 것을 얻는다는 '폭스바겐 제타 원칙'의 필연적 결과를 다룬다. 폭스바겐 제타 원칙과 마찬가지로, 이 실험은 생각과 감정과 믿음은 주변에서 일어나는 일들, 흔히 우리가 우연의 일치라 부르는 일들에서 출발한다.

우주는 절대 당신을 축복하길 멈추지 않아

"생각들은 그야말로 홀연히 나타나 허공에서 곧장 우리를 향해 오는 것 같다. (…) 우리가 할 일은 그 생각들을 찾는 게 아니라, 그 생각들이 나타날 때 그걸 알아보는 것이다."
– 스티븐 킹Stephen King, 작가

세금 전문 업체 H&R 블록H&R Block이 어느 해 세금 시즌에 아주 인상적인 광고 캠페인을 벌인 적이 있다. '당신의 돈 수십 억 달러를 돌려받으십시오'라는 슬로건 아래, 한 매점 직원이 거대한 미식축구 경기장 안 스탠드의 모든 의자에 500달러씩을 놓아두는 광고를 내보낸 것이다. 우리가 세금을 꼬박꼬박 다 내면서도 정작 중요한 기회와 큰돈이 되는 일은 다 놓치고 있다는 것을 풍자한 광고였다. 우리가 당연히 행사할 수 있는 권리들에 스스로 눈 감고 있다는 의미인 것이다. 이번 실험에서 말하고자 하는 것도 바로 그런 것이다.

우리는 수십억 달러의 돈에만 눈 감고 있는 것이 아니라, 우리의 관심을 끌려고 몸부림치는 소중한 정보와 징표들에도 눈 감고 있다. 삶을 살아가는 데 큰 도움이 될 수도 있는 수많은 정보를 소 닭 보듯 하고 있는 것이다. 1차원의 현실 안에 갇혀 지내면서, 눈물방울만 한 뷰파인더로 보는 세상을 그대로 믿으면서, 모든 계산을 혼자 하면서, 너무도 풍요롭고 후한 우리의 우주를 전혀 활용하지 못하고 있다. 그러나 활용하지 않으면, 결국 잃게 된다.

사람들이 자주 입에 올리는 이 말은 대개 우리의 몸("다음 주에 10km

달리기를 하고 싶은데, 지난 2년간 운동화를 신어본 적이 없네") 또는 정신("아랍어를 능수능란하게 하고 싶은데, 대화 상대였던 아랍 친구가 사우디아라비아로 돌아가버렸네. 이젠 '고맙다'는 말이 아랍어로 무엇인지조차 기억나질 않아")과 관련해 사용된다. 그러나 '활용하지 않으면, 잃게 된다'는 이 말은 과소평가되고 있는 우리의 중요한 유산, 즉 높은 차원의 에너지에 다가가는 데 필요한 직관력의 경우에도 그대로 적용된다.

저 높은 곳에 우리 친구들이 있다. 우리는 이 거대한 우주의 사랑 에너지와 연결되어 있고, 그 거대한 가능성의 장을 통해 우리가 원하는 모든 것을 얻을 수 있다. 문제는 우리가 그것에 관심을 보이지 않는다는 데 있다. 매 순간 우주는 우리에게 소중한 정보와 아주 명료한 징표들을 내보내고 또한 1년 내내 우리를 인도하려 애쓰지만, 우리는 우리 의식에 의지하려 하기는커녕 이 광대하고 다차원적인 우주를 한낱 구두 상자처럼 조그만 공간으로 쪼그라들게 만들고 있다.

날아오르는 것은 체스보다 어렵지 않다

"나는 나 자신이 생각했던 것보다 더 위대하고 더 훌륭하다. 나는 내게 이렇게 많은 선함이 있는지 미처 몰랐다."
– 월트 휘트먼, 시인

가능성의 장에 도달하는 것은 간단한 일로, 관심만 가져도 그리고 보는 시각을 확대하겠다는 결심만 해도 가능하다. 잘 알고 있겠지만, 우리의 뇌 특히 전전두피질은 현실을 능수능란하게 잘 다룬다. 미리 정해놓은 초기 설정에 따라 수많은 자료를 처리해 분류할 뿐 아니라, 각종 정보를 걸러내고 처리한다. 그리고 프로그래밍에 따라 무엇을 받아들일 것인지, 무엇을 배제할 것인지, 또 어떤 것이 가능하다고 믿을 것인지 등을 착착 결정한다. 그 과정에서 보다 높은 차원 그리고 보다 미묘한 에너지 영역에 속한 것들은 거의 다 배제되고, 이미 정해진 프로그램들, 즉 우리 몸속 감각들과 우리 주변의 물질적인 것들이 더 강화되어 우리의 주목을 받게 된다.

우리 오감의 주파수 영역 너머에는 엄청난 양의 정보, 그러니까 집집마다 찾아다니는 전도단 취급을 당하며 우리에게 무시되는 방대한 에너지 주파수들이 있다. 눈에 보이지 않는 이 주파수들을 무시하는 우리는 그것들이 제공해줄 수 있는 안내와 위안을 놓치고 있다. 우리는 극초단파와 적외선 같은 것들을 보지 못하지만, 지난밤에 먹다 남긴 음식을 데워야 할 때는 전자레인지를 돌린다. 마음과 의식을 활짝 열어젖히고 안내해줄 것을 요청하면서, 징표가 나타날 것을 기대하라. 당신은 전혀 새로운 가능성의 장에 다가갈 수 있을 것이다.

《사랑＋의술＝기적Love, Medicine & Miracles》을 쓴 베스트셀러 작가 버니 시겔Bernie Siegel 박사는 보이지 않는 영역, 즉 가능성의 장으로부터 믿고 따를 만한 안내를 받으라고 권한다. 그는 또 가능성의 장에서 일부 사람들이 불가능하다고 생각하기도 하는 각종 치유책과 문제 해결책과 정보를 찾으라고 한다. 어떻게 그게 가능할까? 그는 그러기 위해 의식의 공간들로 향하는 문을 활짝 열어젖히라고, 개인적으로 중요한 결정을 내릴 때도 가능성의 장을 활용하라고 말한다. 몇 해 전 마라톤에 참여하느냐 마느냐 하는 문제를 결정할 때, 그는 가능성의 장에 징표를 요청했다. 하루도 채 안 돼 42페니가 그의 눈에 띄었는데, 그것은 마라톤 거리 42km(정확히는 42.195km)를 뜻하는 숫자였다.

누가 수정 구슬을 필요로 하나

"마법을 믿지 않는 사람은 절대 마법을 볼 수 없다."
— 로알드 달Roald Dahl, 《찰리와 초콜릿 공장Charlie and the Chocolate Factory》의 저자

가능성의 장은 이런저런 메시지들이 담긴 종이비행기들을 날려줄 뿐 아니라, 우리에게 무언가 놀라운 일을 할 수 있는 기회를 끊임없이 제공하기도 한다. 우주는 그간 우리에게 각종 징표 내지 힌트들을 계속해서 보여왔다.

2002년 발간된 소설 《벌들의 비밀 생활The Secret Life of Bees》은 전 세계적으로 600만 부 이상 팔렸고, 35개 언어로 번역되었으며, 퀸 라티파Queen Latifah, 알리샤 키스Alicia Keys, 다코타 패닝Dakota Fanning 주연의 영화로도 제작되었다. 만약 이 책의 저자 수 몽크 키드Sue Monk Kidd가 대담하게 우주를 향해 원하는 것을 요청하고 여기저기 떨어진 빵부스러기들, 즉 징표들이 이끄는 대로 따르지 않았다면, 아마 이 책은 세상에 나오지도 못했을 것이다.

1993년 수 몽크 키드는 그리스 크레타 섬의 팔리아니스에 있는 한 수녀원에서 까만 얼굴의 성모 마리아상 앞에 허리를 굽힌 채 기도를 하고 있었다. 그녀는 소설가가 될 수 있게 용기를 달라고 빌었다. 그녀는 글 쓰는 일로 생활을 해나가기 힘들 것 같아 간호사 자격증을 땄고, 스물아홉 살이 될 때까지 공인된 간호사로 일했다. 그러나 마음 한구석에는 늘 글을 쓰고 싶다는 욕구를 갖고 있었다. 성모 마리아상 앞에서 용기를 내어 자신의 꿈을 큰 소리로 내뱉은 그날 전까지만 해도, 그녀는 남편 샌디Sandy 및 두 아이와 살아가는 자신의 삶을 소재로 한 이야기나 영적인 문제를 다룬 논픽션을 주로 썼다.

크레타 섬에서 돌아온 그녀는 침실 벽이 온통 벌들로 도배된 한 소녀에 대한 이야기를 다룬 소설의 1장을 썼다. 그녀는 한 작가가 이끄는 작가 수업 시간에 그 원고를 들고 갔는데, 그 작가는 원고가 흥미롭긴 하지만 성공할 가능성은 별로 없다고 했다. 결국 그 1장은 단편 소설로 바뀌었고, 곧 그녀의 머릿속에서 지워졌다. 물론 완전히 지워진 것은 아니었다.

그 벌들의 이야기는 6년간 그녀의 머릿속 한구석에 숨어 있었다. 6년간 논픽션 책을 2권 더 쓴 뒤, 그녀는 딸 앤Ann의 졸업 여행으로 다시 그리스를 찾았다. 그녀는 벌써 폐경기에 접어들고 있었지만, 가슴속에서는 여전히 소설가가 되고 싶다는 꿈이 이리저리 뛰어다니며 자신의 존재를 드러내려 애쓰고 있었다. 한때 성모 마리아가 살았던 에페소스의 조그만 집 밖에 있는 올리브 숲 안에서 그녀는 한 번 더 우주를 향해 물음을 던져보기로 마음먹었다.

자신의 회고록 《엄마도 딸이었다 Traveling with Pomegranates》에서 그녀는 이렇게 반문한다.

"우리가 우주를 향해 기도하면, 우주는 과연 그 기도를 들을까? 그 기도로 무언가가 바뀔 수 있을까? 아니면 우리의 애원은 일종의 마법 같은 생각 아닐까?"

몇 년간 우주를 향해 던져온 질문이었지만, 그녀는 소설과 관련해 한 번 더 물었다. 우주의 안내, 즉 분명한 징표를 원했던 것이다. 그녀가 그 조그만 예배당을 떠나 딸 있는 데로 온 바로 그 순간, 벌 한 마리가 그녀의 왼쪽 어깨 위에 날아와 앉았다. 앤이 반사적으로 그 벌을 날려보내려고 손을 뻗었는데, 수는 머리를 저으며 딸의 손을 치웠다. 마치 이렇게 말하는 듯했다.

"아냐, 벌이잖아. 벌."

두 사람은 언덕을 걸어 내려와 성수가 나오는 샘 옆으로 갔다. 벌은 그때까지도 꼼짝하지 않았고, 심지어 차를 몰고 관광버스가 있는 데로 돌아갈 때까지도 계속 수의 어깨에 앉아 있었다. 정말 신기하다는 듯 앤이 말했다.

"대체 이 벌 어찌 된 거지? 완전히 엄마한테 꽂힌 거 같은데."

수가 말했다.

"이 벌은 지금 내게 얼른 집으로 돌아가 6년 전에 쓰기 시작한 소설을 끝내라고 말하고 있는 거야."

우연의 일치, 패턴 그리고 보다 큰 현실

"일단 관점을 바꾸면, 다시는 되돌아갈 수 없게 된다. 한번 자유를 맛본 짐승처럼 말이다. 내면을 들여다보면서 방향을 찾고 사소한 단서들을 기다리는 이 새로운 방법을 통해, 우리는 스스로가 변화를 일으킬 수 있고, 그것이 또 우리가 이 세상에 온 진짜 이유라는 사실을 깨닫게 된다."
– 캐롤 아드린느Carol Adrienne, 《열 번째 통찰The Tenth Insight》의 저자

일단 생각과 의식의 힘을 알고 나면, 다시는 이전 상태로 돌아갈 수 없다. 시원하고 맛있는 과일향 음료수 쿨에이드Kool-Aid의 맛을 보면, 다른 음료수는 마시지 못하게 되는 것과 마찬가지로 말이다. 물론 이런 정보를 활용하지 않을 수도 있다. 영화 〈매트릭스〉에서 빨간 알약을 선택해 모피어스Morpheus 무리에 들어가지만, 이를 뒤늦게 후회하며 매트릭스 속으로 돌아가고 싶어하는 인물 사이퍼Cyper를 기억하는가? 당신은 사이퍼처럼 생각하고 행동할 수도 있겠지만, 그렇다고 정보 자체를 잊지는 못할 것이다. 사실 이런 정보를 전혀 활용하지 않을 수도 없다. 문제는 활용한다 해도 무의식적으로 활용하며, 삶을 점점 고통스러운 이야기로 만들어간다는 데 있다.

그러나 우리의 이야기는 할리우드 영화와는 달라서, 실제 삶에서 우리가 빨간 알약을 선택할 기회는 무한정 많다. 깎아도, 깎아도 계속 자라는 수염처럼 기회 역시 놓쳐도, 놓쳐도 계속해서 우리를 찾아오게 마련이다. 사람들은 기회에 제한 시간이나 유통 기한 같은 것이 있는 양 괜한 걱정을 한다. 몇 년도에 기회를 놓쳐버렸으니 다시는 기회가 없을

거라는 식으로 말이다.

그러나 기회는 매 순간 계속해서 나타난다. 그러니 배를 타지 못할 일은 전혀 없다. 한 척을 놓치면 곧이어 다른 한 척이 오게 마련이니까.

《안녕, 누구나의 인생Tiny Beautiful Things》이라는 책에서 저자 셰릴 스트레이드Cheryl Strayed는 뉴멕시코에서 하이킹을 하며 겪었던 놀라운 이야기를 들려준다. 그녀는 혼자 여러 시간째 하이킹을 하던 중 커브 길을 돌며 혼자 하이킹을 하던 다른 사람과 마주쳤는데, 그 사람 역시 바로 그때 오랜 시간 혼자 하이킹을 해온 또 다른 사람을 만난 상태였다. 세 사람은 소리 내어 웃으면서 이런저런 얘기를 나누기 시작했는데, 알고 보니 세 사람 모두 희한하게 태어난 출생 월일이 같고, 출생 연도만 1년씩 차이가 났다.

유럽 출신의 재기 넘치는 저널리스트 아서 쾨슬러Arthur Koestler는 한 프랑스인의 이야기를 한 적이 있다. 어느 프랑스인이 어린 시절 프랑스 오를레앙에 살 때 부모님 집에 한 손님이 찾아왔다고 한다. 부모님은 그 손님에게 아주 맛있는 자두 푸딩을 내주었다. 어린 프랑스 소년에게 그 손님은 자두 푸딩만큼이나 깊은 인상을 남겼다. 여러 해 후에 그 프랑스인이 파리의 한 레스토랑에서 저녁 식사를 하는데, 메뉴판에 자두 푸딩이 있는 걸 보고는 그것을 주문했다. 그러나 웨이터에게서 방금 마지막 자두 푸딩이 팔렸다는 말을 들어야 했다. 그러면서 웨이터는 마지막 자두 푸딩을 주문한 사람이 바로 저 분이라며, 레스토랑 맞은편 자리에 앉아 있는 한 신사를 가리켰다. 그 신사는 오래 전 부모님 집에서 본 뒤 단 한 번도 본 적 없었던 바로 그 '자두 푸딩 손님'이었다.

여러 해 뒤 그 프랑스인은 자두 푸딩이 제공되는 한 디너 파티에 참석하게 됐다. 그가 막 주변 사람들에게 파리의 한 레스토랑에서 자두 푸딩을 주문했다가 부모님 집에서 만난 손님을 보게 됐다는 얘기를 하고 있는데, 누군가가 문을 노크하는 소리가 들렸다. 놀랍게도 방 안에 들어선 사람은 아주 나이 들고 허약해 보이고 지쳐 보이는, 바로 그 자두 푸딩 손님이었다. 알고 보니 그는 다른 디너 파티에 초대받았는데, 주소를 잘못 알고 엉뚱한 곳에 들어온 것이었다.

미국의 내과 의사이자 작가였던 존 릴리John Lilly 박사는 우연의 일치라는 현상에 대해 '우연의 일치 우주 관리 센터'라는 희한한 이름을 붙이기도 했다. 어쨌든 우연의 일치는 우리 모두가 연결되어 있는 무한한 가능성의 장의 존재를 입증하는 증거다. 그것은 또한 폭스바겐 제타 원칙을 확실하게 뒷받침해주는 과학적 근거이기도 하다.

'의미심장한 우연의 일치' 또는 '동시성'이란 용어를 처음 만들어낸 스위스 심리학자 칼 융Carl Jung은 이 기이한 우연의 일치야말로 우주 질서의 근원을 엿보게 해주는 현상이라고 믿었다. 내가 호주 시드니에 교환 학생으로 가 있을 때 시드니대학교 도서관에서 미국 캔자스 주 출신의 또 다른 교환 학생을 우연히 마주친 것(나는 당시 시드니의 다른 쪽에 있는 맥쿼리대학교에서 공부하고 있었다)이나, 멕시코 후아레스에 있는 한 레스토랑에서 5년간 보지 못한 삼촌과 숙모를 우연히 만난 것도 다 칼 융이 말하는 정신과 물질을 연결해주는 '비인과적 연결 원칙'의 결과라 할 수 있는 것이다.

칼 융의 이론에 따르면, 우리 마음속에 강한 욕구가 일어나면 잠재되어 있던 연결 상태가 작동되면서 각종 징표와 메시지가 우리에게 도달하려 하게 된다. 2.0 세계관으로 봤을 때 우리는 상상한 것보다 훨씬 더 복잡하면서도 서로 유기적으로 연결된 세계에 살고 있는 셈이다.

우리 자신이 늘 물 흐르듯 흐르는 이 무한한 가능성의 장과 연결되어 있다는 것을 확신하면 할수록, 그 무한한 에너지는 그만큼 더 우리를 위해 춤추게 된다. 그러나 우리 대부분은 우주가 쉴 새 없이 우리에게 축복을 주고, 사랑을 퍼부으며, 원하는 모든 것을 주려 한다는 것을 인정하기보다는 자신이 우주로부터 분리되어 있는 것 같다며 분리감을 호소한다.

셸리Shelley라는 이름의 독자는 내게 다음과 같은 이야기를 보내왔다. 그녀는 휴가차 파리에 갔다가 발이 아파 노트르담 대성당 벤치에 앉아 쉬고 있었다. 파리 구경을 할 때 신으려고 산 신발이 맞지 않아 발가락이 욱신거렸던 것이다. 하루 20달러의 일정으로 유럽 여행을 하는 중이었기 때문에, 그녀에게 새 신발을 살 여유는 없었다. 그때 갑자기 어떤 직감을 좇아 자리에서 일어난 그녀는 성당을 빠져나가 왼쪽으로 돌았다. 모서리를 몇 번 더 돌자 쓰레기통이 하나 나왔고, 그 쓰레기통 위에는 전혀 해지지 않은 검은색 부츠가 놓여 있었다. 사이즈까지 그녀에게 꼭 맞았다. 그야말로 우주가 그녀에게 건네준 부츠였다.

우리는 대개 나름대로 정해진 믿음의 틀을 갖고 있으며, 우연의 일치를 우리 인식까지 이끌어주는 유기적으로 연결된 복잡한 에너지의 장을 그 틀 내에서 설명한다. 어떤 이들에게는 똑바로 가면 재앙을 만날 수 있을 때 오른쪽으로 가라고 인도해주는 것이 천사다. 어떤 이들에게는 도서관 책장에서 떨어지는 책이 운명 또는 행운의 징표다. 또 어떤 이들에게는 우연의 일치가 자신의 모습을 드러내지 않으려는 신의 의지 때문에 나타나는 현상이다. 어떻게 믿든 그것은 중요하지 않다. 그보다 중요한 것은 이를 제대로 활용하는 것이다.

경험이 뒷받침된 증거

"나는 지난 20년간 나 자신이 아주 매력적인 여성이라는 걸 입증해왔다."
— 오노리 코더Honoree Corder, 작가

신경계 및 뇌 기능 분야와 신경 과학 분야에 밝은 척추 지압 전문의 조 디스펜자Joe Dispenza 박사는 특정한 현실을 만들어내는 것은 마음만 집중하면 되는 간단한 일이라는 걸 잘 알고 있다. 아이들이 더 이상 동화를 믿지 않게끔 가르치는 많은 부모들과 달리, 그는 자기 아이들에게 우주의 무한한 힘에 대해 가르쳤다. 또한 아이들에게 원하는 건 무엇이든 손에 넣을 수 있으며, 자기 자신의 몸과 마음이 수긍할 수 있는 일이라면 무엇이든 진실된 것이라고 가르쳤다.

어느 해 여름, 열다섯 살 난 그의 딸이 한 유튜브 동영상에서 주연을 맡는 기적을 만들자 그는 딸에게 이렇게 물었다.

"그래 다음에는 뭘 할 거니? 이제 어떤 일을 하고 싶니?"

그의 딸은 깊이 생각해볼 필요도 없이 평소 갖고 있던 생각을 내뱉었다.

"원 없이 마음껏 쇼핑해보고 싶어."

대부분의 부모 같았으면 "그게 말이 되니?" 같은 식의 반응을 보였을 것이다. 그러나 디스펜자 박사는 아무런 편견도 없이 고개를 끄덕이며 다음과 같이 말했다.

"좋지. 이렇게 하면 된다. 마음을 아주 맑게 비운 상태에서 원 없이 쇼핑을 하는 게 어떤 기분일지 상상해보는 거야. 매일 그런 연습을 해야 한다. 그렇게 멋진 쇼핑을 하는 상상을 끝내고 일어설 때 넌 이미 앉아 있을 때의 너와는 다른 사람이 되어 있을 게다. 완전히 새로워진 기분으로 일어서는 거지."

딸은 뇌 속 회로를 바꿔보라든가 몸이 원 없는 쇼핑을 이미 해본 것처럼 느끼게 만들어보라는 그의 따분한 강의는 안중에도 없다는 듯이 "됐어, 아빠"라고 말했다.

몇 달 후, 디스펜자 박사는 워싱턴 D.C.에서 택시를 타고 강의를 하러 가는 길에 전화를 받았다. 가쁜 숨을 몰아쉬며 그의 딸이 "아빠, 무슨 일이 있었는지 알아?"라고 말했다. 그는 "진정해라, 애야. 무슨 일인데 그래?"라고 물었다. 딸은 흥분한 채로 답했다.

"드디어 원 없이 마음껏 쇼핑을 해보게 됐어!"

곧 알게 된 일이지만, 그의 딸은 캘리포니아 주 산타모니카에서 한 친구와 함께 쇼핑 중이었다. 둘이 평소 즐겨 찾는 매장 안에서 이 코너,

저 코너 돌아다니며 구경하고 있는데, 낯선 남자가 다가와 딸의 친구에게 혹 샘 바렐리Sam Barelli의 딸이 아니냐고 물었다. 딸의 친구는 지나치게 친절한 낯선 남자를 어찌 상대해야 좋을지 몰라 쭈뼛거리며 고개를 끄덕였다.

"내가 그걸 왜 묻는지 아니? 몇 달 전에 네 아빠에게 아주 큰 도움을 받았는데, 어찌 하면 그 신세를 갚나 고민 중이었거든."

그 남자는 주머니 속에서 법인카드를 꺼내더니 두 여학생에게 흔쾌히 건넸다.

"이걸 줄 테니 둘이 써라. 가져가서 마음껏 써."

이 이야기를 들은 디스펜자가 딸에게 말했다.

"좋아. 그래서 얼마를 썼니?"

그의 딸이 말했다.

"7,500달러. 그런데 내가 상상했던 것보다 훨씬 더 재미있었어. 게다가 아빠, 이 모든 게 내 마음으로 만들어낸 거잖아."

경험이 뒷받침된 또 다른 증거

"당신은 당신 생각이 만들어낸 상황 속에서 움직인다."
— 커비 서프라이즈Kirby Surprise, 심리학자

《E^2》 프로모션 행사 기간 중에 나는 《우주 주문 서비스The Cosmic Ordering Service》라는 책을 소개받았다. 척추 지압 전문가 레슬리 웰스Leslie Wells 박

사는 자신이 여러 해째 그 책의 원칙들을 실천하고 있다고 말했다. 그러면서 사실 자신이 평생 반려자를 만난 것도 바로 이 '우주 주문'을 통해서라고 했다.

흥미를 느낀 나는 이런저런 질문을 하지 않을 수 없었다(그도 그럴 것이 내 직업이 기자 아닌가). 그러자 그녀는 우주 주문이란 우주를 향해 새로운 직장이나 새로운 자동차(자신의 경우 남편이었지만) 등 자신이 원하는 것을 주문만 하면 되는 간단한 일이라고 설명해주었다. 《E²》에서 내가 우주를 향해 무언가 원하는 것을 요청하면 그대로 이루어진다고 했던 것과 아주 비슷한 개념이었다.

그런 개념을 생각해낸 《우주 주문 서비스》의 저자 바벨 모르$^{Barbel\ Mohr}$는 사람들이 각자 자신이 주문하고 싶은 것과 배달 날짜 등만 적으면, 나머지는 우주가 다 알아서 해준다고 했다. 그러면서 그것을 '우주 우편 주문 서비스'라고 했다. 아마존에 최신 베스트셀러 소설을 주문하는 것과 같다고 보면 된단다. 차이가 있다면, 돈이 전혀 들지 않는다는 것이다.

BBC의 스타 진행자였던 노엘 에드먼즈$^{Noel\ Edmonds}$가 자신의 지압사가 복사해준 바벨 모르의 《우주 주문 서비스》를 읽고 나서 인생이 바뀌었다는 말을 한 뒤, 영국에서는 한동안 우주 주문 붐이 일었다. 노엘 에드먼즈의 대히트작인 TV 퀴즈 프로그램 〈딜 오어 노 딜$^{Deal\ or\ No\ Deal}$〉이 바로 그가 우주에 주문을 해 얻은 것이었고, 프랑스 남부에 있는 그의 집과 새 아내 역시 우주에 주문을 해 얻은 것이었다고 한다. 당시 우주 주문은 워낙 유행해, 영국의 각종 리얼리티 쇼에서 우승한 많은 사람들이 우주에 주문을 했다는 말을 하곤 했다.

바벨 모르는 2010년 세상을 떠나기 전까지 우주 주문과 관련된 책을 여러 권 더 출간하기도 했지만, 그녀도 처음부터 우주 주문을 믿었던 것은 아니었다고 한다. 그녀가 처음 우주에 주문한 것도 늘 쉬지 않고 긍정적인 사고에 대해 떠들어대는 한 친구의 입을 다물게 하기 위해서 였다는 것이다. 당시 싱글이던 바벨 모르는 참다못해 그 친구에게 이렇게 말했다.

"그러니까 긍정적인 사고만 하면 완벽한 배우자를 만날 수 있다, 이거지? 좋아, 나랑 내기하자."

그녀는 자신이 원하는 남자의 특징들을 죽 적은 뒤, 배달 일자까지 정하는 등 격식을 갖춰 우주에 주문을 했고, 이후 그 일은 곧 싹 잊어버렸다. 그런데 자신이 배달 일자로 정한 바로 그날, 놀랍게도 주문한 특징을 전부 다 갖춘 남자가 나타나 그녀에게 데이트 신청을 했다. 그녀는 정말 어안이 벙벙했지만, 어쨌든 약속대로 내기에 건 돈을 친구에게 주었다.

그다음부터 그녀는 우주를 향해 계속 자신이 꿈꾸는 직장, 마음껏 쓸 수 있는 돈, 그 안에 살면서 일도 할 수 있는 멋진 성 등을 주문했고, 결국 그 주문품을 모두 다 받았다. 바벨 모르는 이렇게 말한다.

"어쨌든 우리는 내내 주문을 하고 있어요. 대개 그걸 의식하지 못할 뿐이죠."

실험 방법

"내가 곧 새로운 우주로 연결될 거라는 징표들은 이것들만이 아니었다."
– 수 몽크 키드, 《벌들의 비밀 생활》의 저자

이 실험은 우주와의 연결을 앞두고 근육을 푸는 일종의 워밍업 과정이며, 우리가 우주로부터 원하는 건 무엇이든 받을 수 있음을 상기하는 과정이기도 하다. 물리학자들은 모든 것이 이렇게 거미줄처럼 연결되어 있는 것을 '영점 장'이라고 하며(나는 무한한 가능성의 장이라고 하지만), 그 안에 모든 가능성이 존재한다고 주장한다.

다음 72시간 동안 당신은 다음 8가지 가능성을 적극적으로 찾게 될 것이다. 눈을 크게 뜨고 정신을 집중해 그 가능성들이 당신의 인식 안으로 들어오게 하라. 기본적인 아이디어는 이렇다. 당신이 우주를 상대로 가능성을 주문하면, 주문한 대로 그 가능성이 당신 앞에 나타난다는 것이다. 인터넷쇼핑몰에 들어가 주문을 넣으면 며칠 안에 어김없이 당신 앞으로 주문품이 배송되듯 당신은 그저 다음 8가지가 틀림없이 당신 앞에 나타나리라는 걸 믿기만 하면 된다.

- 배꼽 쥐며 웃는 모습
- 어린 시절 갖고 놀던 장난감
- 고등학교 시절 좋아했던 노래
- 숫자 222
- 비치볼

- 멋진 모자를 쓴 어르신
- 갓난아기의 웃음
- 나에게 보내는 메시지가 담긴 옥외광고

어린 시절 즐겨 했던 물건 찾기 게임을 생각해보면, 이해하기 쉬울 것이다. 어린아이 같은 호기심과 장난은 우주 주문의 핵심이다. 정말 재미있게 실험을 하고 싶다면, 독자 중 한 명이 내게 제안한 것처럼 빨간색 젤리빈이나 핫칠리(빨간 약 대신)를 활용해도 좋다. 그녀는 빨간색 젤리빈이 가득 담긴 유리병을 테이블 위에 놔두고, 우주를 향해 요청한 것이 나타날 때마다 자축의 의미에서 그 유리병 속에 든 젤리빈을 한 알씩 꺼내 먹었다고 했다.

실험 보고서

실험: 강력한 믿음의 문제

이론: 우리의 믿음과 기대로 가능성의 장에 영향을 주고, 원하는 것을 얻는다.

의문: 과연 내가 보고 싶어 하는 것들을 보게 될까?

가설: 앞서 열거된 8가지를 보겠다고 마음만 먹는다면, 그것들을 보게 될 것이다.

주어진 시간: 72시간

오늘의 날짜: _____ **시각:** _____

답을 받아보게 될 마감 일자: _____

접근 방식: 만일 이 실험에 타당성이 있다면, 내가 보고 싶어 하는 것들이 외부 세계에 반영되어 나타날 것이다. 따라서 나는 앞으로 3일간 다음 8가지를 찾아 하나씩 체크해나갈 것이다.

☐ 배꼽 쥐며 웃는 모습
☐ 어린 시절 갖고 놀던 장난감
☐ 고등학교 시절 좋아했던 노래
☐ 숫자 222
☐ 비치볼
☐ 멋진 모자를 쓴 어르신
☐ 갓난아기의 웃음
☐ 나에게 보내는 메시지가 담긴 옥외광고

연구 노트: _____
_____
_____
_____

> "우연의 일치를 더 많이 볼수록, 당신의 삶은 더 마법 같아진다.
> 당신은 잔디를 푸릇푸릇하게 만드는 마법사다."
> – 로버트 앤턴 윌슨Robert Anton Wilson, 작가

나의 블로그 이야기

당신의 믿음이 우주의 무한한 풍요로움을 차단하고 있진 않은가?

전기에 관한 한 나는 완전히 깡통이다. 벽에 설치된 콘센트에 플러그를 어떻게 꽂아야 하는지는 알고 있지만, 그 이상은 전혀 모른다.

그런데 전자 공학 분야에서 쓰이는 장치 가운데, 왜 어떤 소망은 아주 쉽게 실현되는데 또 어떤 소망은 거의 실현 불가능한 것처럼 보이는지 그 이유를 쉽게 설명해주는 전기 장치가 있다. 바로 '저항기'다. 저항기는 어떤 회로 안을 흐르는 전류의 양을 줄여준다. 다시 말해, 특정 시간에 특정 지점을 흐르는 전자의 수를 제한하는 역할을 하는 것이다(이 책을 읽을 독자 중에 혹시 전기 전문가가 있다면, 너무도 단순무식한 내 설명을 부디 용서해주길 바란다).

우리가 우리 자신과 세상 돌아가는 이치에 대해 갖고 있는 믿음들이 바로 그 저항기의 역할을 한다. 무한하게 풍요로운 에너지의 흐름을 막는 역할 말이다. 우리의 믿음들은 자연스러운 우주 에너지의 흐름을 막는 브레이크나 다름없다.

한 가지 예를 들어보겠다. 대부분의 사람들은 돈이 제한되어 있으며 손에 넣기 어렵다고 믿는다. 그런 믿음이 바로 저항기다. 그러면서도 사람들은 건강이나 지능은 제한되어 있다고 믿지 않는다. 내가 건강하다고 해서 당신이 건강을 갖지 못하는 건 아니라는 것이다. 마찬가지로 스티븐 호킹 박사가 놀라운 지능을 갖고 있다고 해서 영화감독 스티븐 스필버그Steven Spielberg가 자신의 지적 능력을 발휘할 수 없게 되는 것도 아니다.

그러나 풍요로움에 관한 한 아무리 풍요로워도 나눠 쓰는 데 한계가 있다는 믿음이 존재한다. 이는 아주 큰 저항기나 다름없다. 그래서 텅스텐이나 탄소, 널리 쓰이는 다른 저항기보다 훨씬 강력하게 에너지 흐름을 막아버린다. 자신이 어떤 특정 목표를 달성하는 방법을 그 누구보다 잘 안다는 믿음 역시 아주 큰 저항기다. 많은 사람들이 소망으로 손꼽는 여행을 예로 들어보자. 내가 이야기를 나눠본 사람들은 대개 여행을 하는 가장 좋은 방법이 직장 생활을 하면서 충분한 돈을 모은 다음 휴가를 이용해 케이프타운이나 몬테카를로 같은 데를 찾아가보는 것이며, 그게 어렵다면 콜로라도 주 덴버 정도라도 가보는 것이라고 믿고 있었다.

그러나 나의 경우 아예 여행에 대한 기대도 없었다. 아니 여행에 대한 타는 목마름은 있었지만, 어떻게 하면 그 목마름을 해소할 수 있을지 감을 잡을 수 없었다. 내가 할 수 있는 일이라고는 내가 감조차 잡을 수 없다는 걸 인정하는 것이었다. 결국 제트 여객기를 타고 세계를 돌아다니고 싶을 때 내가 택할 수 있는 방법은 우주에게 모든 걸 맡기는 것이었다. 우주가 나보다 훨씬 더 지혜롭고 풍요롭다는 것을 믿고, 완전히 손을 놓아버린 것이다.

지금 나는 뼈 빠지게 일해 돈을 모으고 휴가 시간을 찾는 '일반적인 길'을 따르는 대신, 우주의 힘을 빌어 무료로 여행을 다닌다. 우주가 나를 여행기 쓰는 길로 인도해준 덕분인데, 사실 우주를 향해 세계 여행가가 되고 싶다는 뜻을 처음 밝혔을 때는 이 세상에 그런 직업이 존재하는지도 몰랐다.

돈? 돈은 필요치 않다. 나는 편안하고 우아한 삶을 원하기 때문에 에너지의 흐름을 가능한 한 활짝 열어놓고 원하는 모든 것을 얻고 싶을 뿐이다.

실험 3.
바른 판단의 문제

> **1.0 세계관**: 당신이 할 일은 옳고 그른 것, 검은 것과 흰 것을 판정하는 것이다.
> **2.0 세계관**: 절대적인 것은 없다. 당신의 생각이 무언가를 절대적으로 만들 뿐이다.

전제

"인간은 늘 자기 자신의 가장 성가신 문제였다."
— 라인홀트 니부어 Reinhold Niebuhr, 신학자

나는 이 실험의 제목을 붙이며, 그 유명한 오디션 프로그램 〈아메리칸 아이돌 American Idol〉의 깐깐하기 짝이 없는 심사위원 사이먼 코웰 Simon Cowell을 떠올렸다. 〈TV 가이드 TV Guide〉는 그를 '모든 시대를 통틀어 가장 몹쓸 악당들' 명단에 올리기도 했다. 그와 마찬가지로 우리도 옳고 그름, 선과 악 등에 대한 점수를 매기면서 스스로 우리 자신의 에너지를 고갈시켜버리고 있다.

인생을 제대로 이해하기 위해서는 일견 판정을 내리는 것이 필요해 보인다는 것을 잘 안다. 그러나 '무언가를 판정한다는 것'은 스스로 자신의 힘을 없애는 것과 같다.

"이것은 오크나무다. 저 녀석은 비행 청소년이다. 저기 저것은 긴 소파다."

이런 식으로 모든 것에 이름표를 붙이기 시작하면, 다른 모든 가능성은 깡그리 배제되고 만다. 오크나무는 다람쥐의 보금자리나 숨바꼭질하는 아이들의 숨는 장소일 수도 있고, 비행 청소년은 나중에 유명한 화가가 될 수도 있으며, 저 긴 소파는 6살 난 당신 아이의 침대나 요새일 수도 있다. 그런데 그 모든 것에 이름표를 붙여버리면, 그 외의 모든 가능성에는 눈을 감아야 한다.

이 실험에서는 무엇보다 절대적인 현실에 대한 옛날식 믿음을 살펴볼 것이다. 우리에게는 시간 여유가 단 3일밖에 없으므로, 우주나 더 높은 신들, 독창적인 생각 같은 절대적인 것들은 천재들에게 맡기기로 하고, 우선 우리 자신과 관련해 믿고 있는 절대적인 것들만 살펴보기로 하자.

사진이 잘 나오지 않는다거나 사랑에 운이 따르지 않는다는 것이 당신의 절대적인 현실인가? 아니면 돈을 많이 벌지 못한다거나, 사랑도 없는 관계를 끝내지 못하고 질질 끌고 있는 것이 당신의 절대적인 현실인가? 우리 모두 그런 믿음을 갖고 있다. 증거가 있든 없든 관계없이 그런 믿음들에 매달려 시간 낭비를 하고 있는 것이다.

한때 나의 절대적인 현실 중 하나는 '나는 그리 뛰어난 강연자가 못 된다. 그래서 사람들 앞에 서는 것이 편치 않다'는 것이었다. 나는 이런 말을 기회 있을 때마다 했고, 나중에는 그것이 일종의 주문처럼 되어버렸다. 내 친구들은 전부 나의 이런 '오호, 통재라!' 이야기를 귀에 못이 박히게 들었다. 그러나 그 이면을 들여다보면 상황은 아주 달랐다. 어떨 때 나는 놀랄 만큼 자신감 넘치는 태도로 사람들의 마음을 움직이는 명강연을 하기도 했다.

양자 세계, 즉 무한한 가능성의 장에서 현실은 다른 그 무엇보다 진실하지 않다. 절대적인 것, 절대적인 진리란 없다는 것이다. 나 자신을 미숙한 강연자로 보는 것은 많은 가능성 중 하나만 보는 것이다. 내가 재능 있는 강연자일 가능성도 똑같이 있다. 그 또한 사실이다.

오스트리아의 정신분석학자 지그문트 프로이드 Sigmund Freud 의 도움을 빌리면, 내가 '나는 뛰어난 강연자가 못 된다'는 주문을 외우며 다니는 이유를 여럿 찾아낼 수 있을지도 모른다. 그중 한 가지 이유는 그럼으로써 사람들에게 동정심도 사고, 격려도 받게 된다는 것이다. 내가 그런 말을 할 때마다(아니면 그런 주제의 이야기가 나올 때마다) 친구들은 대개 다음과 같이 말하곤 했다.

"하지만 팸, 넌 아주 재미있잖아. 정말 재미있지. 그런데 어떻게 강연을 못할 수 있겠니?"

친구들이 그런 말을 하면 나는 늘 속으로 이랬다.

"그래, 더 말해. 더."

그렇게 내 주문은 사람들의 환심을 샀다. 게다가 그 주문은 정말 하고 싶은 일에 관심을 두되, 당장 그 일을 하지 않아도 되는 핑곗거리로 삼을 수도 있었다.

그러나 내가 그렇게 속이 빤히 들여다보이는 넋두리를 해댈 때마다, 나는 내가 연설을 못한다는 특정 사실 내지 현실만 더 커지게 만들 뿐이었다. 연설과 관련된 '가능성의 양동이'를 가득 채워 점점 더 운반하기 어렵게 만들고 있었던 것이다. 내가 조금이라도 빨리 그 양동이를 내려놓아야 그만큼 더 빨리 자신 있게 연설할 수 있는 현실을 즐길 수 있었을 텐데 말이다.

우리는 보라고 배운 것만 본다

"당신은 고통을 겪을 수 있지만, 이는 잘못된 믿음을 가졌을 때만 그렇다."
– 미셸 론고 오도넬Michele Longo O'Donell, 작가

흔히 세상에는 선한 사람들과 악한 사람들이 있어, 선한 사람들에게는 그만한 대우를 해주어야 하고 악한 사람은 그 대가를 치르게 해야 한다고들 생각한다. 이는 잘못된 생각이다. 옳은 것과 그른 것, 승리와 패배, 우리 편 아니면 적 식의 사고는 많은 사람들 사이에 전염병처럼 퍼져 있다. 모든 것을 나누고 모든 것에 이름표를 붙임으로써, 우리는 우리의 가능성을 무려 50퍼센트나 줄이고 있다. 옳은 답은 한 가지밖에 없다고 믿음으로써 우리 스스로 선택권과 자유와 에너지를 반으로 줄이고 있는 것이다.

우리는 또 아주 많은 규칙들을 만들어내고 있다. 눈에 보이지 않는 우주 에너지를 잘게 나누고 계속 분류하면서, 그 에너지의 진액과 무한

한 마력을 바닥나게 만들고 있다. 게다가 우리는 끝없이 모든 것을 판정하고 분석하면서 우리와 무한한 가능성의 장 사이에 두꺼운 커튼을 치고 있다. 옳은 것과 그른 것, 승리와 패배, 우리 편 아니면 적 식의 이런 양자택일 게임을 하면서, 우리는 매사 남 탓을 하고 모든 것을 문제로 보는 사고를 갖게 되었다. 그야말로 우리 삶의 모든 면을 적으로 돌리게 된 것이다. 심지어 우리 몸까지도 결국 병들고 썩어 없어지는 헛된 것이라고 믿게 되었다.

1.0 세계관은 세상 모든 것이 우리를 괴롭힌다는 믿음 위에 세워져 있다. 그러니까 우리의 환경, 우리의 정치인들, 우리가 먹는 음식, 우리의 몸(이상이 있을까 봐 수시로 정기 검사를 받는다), 우리의 조국, 심지어 우리의 연인(나를 진정 사랑한다는 확신을 갖지 못한다)까지 우리를 괴롭힌다는 것이다. 모든 뉴스 보도와 위원회, 정치적 연설, 자기계발서 등이 무언가 잘못되고 있다는 우리의 끝없는 믿음을 토대로 삼고 있다. 그리고 잘못된 그 모든 것들을 바로잡기 위해, 우리는 늘 약을 먹고 에너지 드링크를 사고 요가를 배우고 성가를 부르고 명상을 하고 애매모호한 신들을 향해 기도한다. 역사책들은 끔찍한 전쟁과 기근, 정치적 불안 등의 이야기로 차고 넘친다.

패치 아담스는 언젠가 이런 말을 한 적이 있다.

"대체 파티가 나오는 즐거운 장은 어디에 있는 거야?"

모든 문제를 없애기 위해 열심히 분석하고 노력하는 행위가 오히려 그 문제들에게 우리를 지배할 힘을 실어주는 것은 아닐까? 죽음을 피하기 위해 극단적인 노력을 하는 것이 오히려 우리가 피하려 하는 그 죽음을 재촉하는 것은 아닐까?

이 실험은 우리가 히스테리를 갖게 되는 것은 잘못된 우리의 불안감 그 자체 때문이라는 사실을 보여준다. 또한 지난 5,000년간 부족함과 한계와 우울함이 우리 삶을 지배한다고 배워오면서, 우리가 영원히 우리 편인 단순하고 변치 않는 우주의 선함에 눈을 감게 됐다는 점도 알려줄 것이다. 나는 당신이 앞으로 72시간 동안 모든 것에 대한 적의를 버리고, 갑옷을 벗길 바란다. 그러면서 당신 몸속을 흐르고, 당신을 지켜주고, 당신이 원하는 모든 것을 주고, 당신 삶을 지탱해주는 에너지를 들여다보게 되길 바란다.

당신의 이야기는 무엇입니까

"마틴 루터 킹 주니어는 '불만이야'란 말을 절대 하지 않았다."
– 마이클 버나드 벡위스Michael Bernard Beckwith, 작가이자 목사

우리에게는 다 나름대로의 이야기가 있다. 우리는 우리에게 귀 기울여 주는 상대에게 이런 이야기들을 들려줄 것이다.

- "난 잠을 잘 못 자."
- "난 운동하는 게 너무 싫어."
- "난 조직적인 사고가 전혀 안 돼."

그러나 이런 이야기들은 더 이상 진실이 아니며, 오히려 그 반대가 진실일 수도 있다. 동전의 뒷면에는 전혀 다른 이야기가 쓰여 있을 수도 있다. 일례로 나의 여러 이야기들 가운데 한 가지는 내가 뛰어난 작가라는 것이다(나는 이 이야기를 자주 한다). 나 스스로 그 이야기에 무게를 보태고 계속 되뇌면서 나는 책을 17권이나 쓸 수 있었다. 그 덕에 내가 좋아하는 일을 직업으로 삼을 수 있게 되었다. 이렇게 한 가지 이야기를 되풀이함으로써, 우리는 뇌 속에 새로운 신경세포 통로를 만들어낼 수 있다. 그 결과, 그 이야기는 더 확고부동한 현실이 된다.

또한 현실은 당신이 누구와 이야기를 나누느냐에 따라 완전히 달라진다. 어떤 사람들은 평생 담배를 피우고도 폐암 근처에도 가지 않는다. 어떤 사람들은 엄청난 칼로리를 섭취하고 글루텐처럼 건강에 해로운 것을 잔뜩 먹고도 패션모델 뺨치는 몸매를 유지한다. 또 어떤 사람들은 이런 책을 읽고도 아무런 변화도 맛보지 못한다.

나는 저널리스트 양성을 위한 학교에 다니면서 미리 준비된 현실의 부재에 대해 배웠다. 나를 가르친 선생님은 우리에게 실생활 경험을 하게 해주려 애썼고, 초보 기자인 우리에게 늘 쓸 만한 기사거리를 제공해주었다.

저널리즘의 첫 번째 신조가 객관성이고 기사를 쓸 때는 어떤 종류의 편견도 있어서는 안 된다고 배웠음에도 불구하고, 우리가 제출한 기사들은 버락 오바마Barack Obama 미국 대통령과 블라디미르 푸틴Vladimir Putin 러시아 대통령의 의견만큼이나 판이했다. 그래서 나는 늘 이런 의문을 갖곤 했다.

'당신들, 정말 방금 내가 본 바로 그 사건을 본 거야?'

올바른 답이 한 가지만 있는 것은 아니다

"현실이 사람마다 다 다르다면, 과연 현실을 단수형으로 이야기해도 될까? 복수형으로 이야기해야 하는 것 아닐까? 복수의 현실이 있다면, 어떤 현실이 다른 현실보다 더 진실한 걸까?"
— 필립 K. 딕Philip K. Dick, 소설가

믿음이란 우리가 계속해서 떠올리는 어떤 생각일 뿐이다. 우리는 이런 저런 결정을 내리고, 그 결정이 옳다는 것을 입증하기 위해 할 수 있는 모든 일을 한다. 우리가 옳고 그른 문제에 대한 답을 찾기 위해 안간힘을 쓰지 않고, 그냥 세상에 절대적인 것은 없다는 것을 받아들인다면, 어떻게 될까? 절대적인 것에 대한 집착을 버린다면, 더 이상 자기 입장을 방어하기 위해 애쓸 필요도 없고, 누군가 탓할 사람을 찾아 헤맬 필요도 없어진다. 또한 삶을 조각내어 옳고 그름을 나누는 작은 상자 안에 구겨 넣는 일을 중단한다면, 원하는 모든 것을 주는 무한한 가능성의 장을 제대로 활용할 수 있게 될 것이다.

옳고 그름을 판정하는 일을 중단하면, 불편함을 느낄 수도 있다. 1.0 세계관에서는 단 하나의 올바른 파트너, 단 하나의 올바른 직장, 단 하나의 올바른 생활방식 등 단 하나의 무언가를 찾아야 한다며 아우성을 치기 때문이다. '잘못된 것을 선택하면 어쩌지?' '엉뚱한 답을 선택하면 어쩌지?' 하는 생각들은 엄청난 스트레스 요인이면서, 그 자체로 완전히 잘못된 생각이다. 우주의 무한한 가능성의 장에는 올바른 답이 수도 없이 많으니 말이다.

세상에 올바른 답이 하나밖에 없다고 믿을 경우, 우리는 명백히 잘못된 답을 선택한 것처럼 보이는 사람들을 가엾게 보게 된다. 그러나 사람마다 올바른 답이 다 다르다는 것을 깨닫게 되면, 우리는 옳고 그름에 대한 판정을 내리길 중단한 채 보다 즐겁고 융통성 있게 세상을 보게 되며, 다양한 가능성을 향해 마음의 문을 활짝 열게 된다.

경험이 뒷받침된 증거

"자신이 보고 싶은 것들에 대한 생각을 바꾸면, 그에 따라 온 세상이 변화하게 된다."
— 기적 수업

《원숭이와 용들에 대해 *Of Monkeys and Dragons*》의 저자인 미셸 론고 오도넬은 스물다섯 살 때 미국 최초의 소아과 중환자실 가운데 한 곳에서 간호사로 일하고 있었다. 당시 그녀는 한 수의사와 결혼해 두 살 난 딸을 하나 둔 채, 둘째 아이를 임신 중이었다. 그녀는 이전에 기능하지 못하는 왼쪽 신장을 제거한 바 있었다. 이에 따라 담당 의사들은 출산을 앞두고 그녀의 남은 오른쪽 신장이 지나친 부담을 받고 있다고 판단, 분만 촉진제를 사용해 그녀의 출산을 앞당기기로 결정했다.

그런데 출산 예정일을 잘못 계산하는 바람에 그녀의 둘째 딸 라라^{ara}는 겨우 7개월 만에 세상에 나오게 됐다. 출생 당시 라라의 몸무게는 1.1kg에 불과했다. 라라에게 정맥 주사를 놓기 시작한 지 24시간이 지났을 무렵, 아직 핏덩이에 불과한 이 조그만 아기는 아무 움직임이나 소리도 내지 않았고, 의사들은 부랴부랴 이 아기를 중환자실로 옮겼다. 라라는 폐 발달이 미숙한 나머지 호흡 곤란이 초래되는 '유리질막병'에 걸려 있었다. 라라는 공기를 들이마실 수 없었고, 폐도 제 기능을 하지 못하고 있었다.

첫날 밤 라라는 다섯 차례나 심장 박동이 멈췄다. 100퍼센트 순수한 산소가 폐 속에 주입되고 있었지만, 라라의 신장과 뇌에는 여전히 충분한 산소 공급이 이뤄지지 않고 있었다. 때는 1970년이었고, 당시만 해도 그런 상태에 빠진 아기가 생존할 가능성은 전혀 없었다.

그러나 그다음 날 아침 선임 레지던트가 들어와 치료를 중단하게 해달라고 요청했을 때, 미셸은 속으로 '모든 게 잘될 거야'라고 말했다. 간호사 생활을 6년이나 한 그녀는 산소 결핍증이 결국 심각한 정신 지체로 이어진다는 것을 잘 알고 있었지만, 산소 공급기 떼는 걸 허용해 달라는 의사들의 요청을 받아들이지 않았다. 미셸은 당시 심경에 대해 다음과 같이 말한다.

"내 속에 두 사람이 들어 있는 것 같았어요. 하나는 이미 정신적으로 만신창이가 되고, 겁에 질릴 대로 질린 평상시의 나 자신이었죠. 평상시의 나는 그야말로 정신이 하나도 없었어요. 매 시간 실험실로 전화해 라라의 혈액 검사 결과를 묻고 있었죠. 조용히 다가가 라라를 내려다봤더니, 그 애는 허공을 향해 필사적으로 두 팔을 내저으며 폐 속에 공기를 집어넣으려 안간힘을 쓰고 있었어요. 하지만 내면 깊은 곳에는 또 다른 나가 있었는데, 그 나는 모든 게 잘될 거라는 무한한 가능성의 장의 말을 굳게 믿고 있었어요."

이틀 후 그녀의 남편은 라라를 포기했다. 그러나 라라가 중환자실에서 퇴원한 뒤 2년이라는 긴 세월 동안 미셸 론고 오도넬은 그 아이를 살리기 위해 혼신의 힘을 다 쏟았다. 그녀는 단 한 번도 그 아이에게 정신지체가 일어날 거라는 가능성을 받아들이지 않았고, 아직 치유가 가능하다는 희망을 놓지도 않았다. 미셸은 이렇게 말했다.

"내면 깊숙한 곳에서 나는 라라에게 일어난 일이 우리 삶의 일부라고 인정하지 않는 게 중요하다고 느꼈어요. 그것은 우리가 해결해야 할 일이지, 우리의 일부가 되어선 안 된다고 말이죠."

물론 문제가 일어난다면, 우리는 그 문제를 해결해야 한다. 그러나 그 문제가 우리 삶의 일부가 되게 할 필요는 없다. 어떻게 보일지 몰라도 우리는 여전히 완전하고, 또 온전하기 때문이다. 문제에 집중한다는 것은 그것을 절대 놔주지 않고, 잠재의식 속에서 그것에 매달린다는 것이다. 해결해야 할 문제에 매달려 해결하는 것과 그것을 신성시하는 것은 분명 다른 문제다.

라라가 두 살이 다 되었을 때, 미셸은 그 애를 한 손으로 안은 채 그간 여러 번 실패한 일, 즉 아이의 입 안에 크래커 넣어주기를 시도했다. 의사들이 말했듯 라라는 그간 거의 식물인간처럼 살았고, 그래서 크래커 따위에는 관심도 보이지 않았었다. 그런 아이가 이번에는 엄마를 보고 생긋 웃더니 손을 뻗어 크래커를 자기 입으로 가져갔다.

그 이후 라라는 빠른 속도로 회복되어갔다. 그렇게 무럭무럭 자라난 라라는 나중에 변호사가 되어 텍사스 주 법무장관실에서 일하게 되었다. 미셸은 이제 이렇게 말한다.

"어떤 현실도 당신의 일부가 되도록 내버려두어선 안 됩니다."

실험 방법

"늘 무언가 부족하다는 믿음을 버려라."
– 기적 수업

이 실험에서 당신은 당신과 관련해 절대적인 사실이라고 믿어온 현실을 하나 골라, 그 정반대되는 현실을 열심히 찾아야 한다. 그런 현실을 곰곰이 생각해보라.

나는 나 자신과 관련해 다음과 같이 잘못된 사실들을 되풀이해 말하곤 했다. 이런 것들이 좋은 예가 될 수 있을 것이다.

- 나는 파티가 그리 편하지 않다.
- 나는 인간관계에 그리 뛰어나지 못하다.

- 나는 종종 우울증에 시달린다.

　무엇이든 상관없다. 당신이 스스로에 대해 믿고 있는 사실들 가운데 틈나는 대로 되풀이해서 말해온 것을 떠올리면 된다. 즐겨 입는 청바지처럼 당신의 일부가 되어버린 것들을 찾아보라. 그다음 그것들을 다시 쓰는 것이다. 주어진 72시간 동안 새로운 현실의 증거를 찾아보라. 당신이 여태껏 믿어온 자신의 취약한 면과 정반대되는 면의 모든 징표, 모든 파편, 모든 조각들을 열심히 찾아보는 것이다.

실험 보고서

실험: 바른 판단의 문제

이론: 절대적인 것은 없다. 당신의 생각이 그렇게 보이게 만들 뿐이다.

의문: 내가 나 자신과 관련해 붙여온 그 모든 이름표들 그리고 내가 나란 사람에 대해 가져온 그 모든 믿음들이 한낱 신기루, 즉 내가 오랫동안 그 진실성을 믿어오면서 나타난 신기루에 지나지 않을 수도 있지 않을까?

가설: 나 자신과 관련해 오랫동안 믿어온 믿음들을 뒤집어버린다면, 나는 그 현실을 뒷받침해줄 많은 증거를 발견하게 될 것이다.

주어진 시간: 72시간

오늘의 날짜: _____ **시각:** _____

답을 받아보게 될 마감 일자: _____

접근 방식: 나 자신과 관련해 오랫동안 믿어온 많은 이야기들 중 하나를 선택한 다음, 그 정반대인 것도 진실일 수 있는지 3일간 자세히 살펴본다.

연구 노트: _____

_____

_____

_____

_____

_____

_____

_____

_____

_____

"무언가를 기대하며 깨어 있으라."
– 크리스틴 바란스키 Christine Baranski, 영화배우

> **나의 블로그 이야기**

신기루에 불과한 '부족하다'는 생각을 넘어 신성한 땅으로 가기 위한 최상의 전략 3가지

영화감독 피터 잭슨Peter Jackson은 〈킹콩King Kong〉의 대본을 팔고 2,000만 달러를 받았다. 드라마를 써서 돈을 벌라는 말이 아니라, 나는 당신이 다른 종류의 대본을 쓸 때가 됐다고 생각한다. 그 방법은 이렇다.

• **그간 기막힌 인생 드라마를 연출해온 자신에게 아카데미상을 수여하라.** 아름다움과 풍요로움이 차고 넘치는 세상에 살면서, 세상은 늘 추하고 부족하다는 이야기를 설득력 있게 연출해왔으니 정말 대단한 업적 아닌가. 세상이 끝없이 후하다는 사실을 가리기 위해 사용해온 특수 효과 또한 정말 대단하다. 사람들의 박수에 고개 숙여 인사하며 이렇게 자문해보라.
"분리와 고통의 삶을 이렇게 잘 연출해왔는데, 상상력을 좀 더 발휘한다면 그 무엇인들 연출하지 못할까."
내 말을 믿어라. 우리는 모두 금메달을 받을 자격이 있다.

• **느낌을 로켓 연료로 활용하라.** 일단 세상 모든 것이 당신이 만들어낸 것이라는 사실을 이해하고 나면, 그때 드는 강렬한 느낌을 활용해 다른 이야기를 만들어낼 수 있다. 당신이 아직까지 늘 닳고 닳은 한 가지 쇼에 출연하고 있는 이유는 단 하나, 이미 한 곳에 텐트를 쳤기 때문이다. 텐트를 쳐놓고는 아직 가볼 데가 아주 많다는 사실을 까맣게 잊고, 끝없이 '자신의 현재 위치'와 '잘못되고 있는 일들'에 대해서만 생각하고 있는 것이다. 당신은 마음만 먹는다면 언제든 다른 장소, 다른 이야기, 다른 현실로 옮겨갈 수 있다.

- **침묵하라.** 현재 텐트를 친 장소가 마음에 들지 않을 수도 있겠지만, 그렇다고 온 세상에 그걸 떠벌릴 필요는 없다. 어디에 텐트를 치든, 그 근처에는 축복과 기적들이 있을 것이다. 자신의 대본과 캠프 장소와 현재의 삶에 대해 불평불만을 늘어놓을 게 아니라, 제대로 되어가고 있는 것들에 집중해보라. 이런저런 가능성과 기적과 기쁨의 놀라운 힘을 활용하기 시작하면, 홀연 자신이 전혀 새로운 무대 위에 서 있음을 발견하게 될 것이다. 이제 새로운 아카데미상 수상은 떼놓은 당상이다.

실험4.
미움과 사랑의 문제

> **1.0 세계관:** 나와 당신은 세상에 맞서고 있다(그런데도 나는 당신을 잘 모르겠다).
> **2.0 세계관:** 모든 이와 모든 것을 사랑하면, 가능성의 장에 다가설 수 있다.

전제

"누구나 입을 열면 신이다. 예를 갖추고, 그 말에 귀 기울여라."
– 하피즈Hafiz, 시인 대니얼 래딘스키Daniel Ladinsky 번역

이 실험에서는 당신이 실제로는 모든 사람을 사랑하며(당신은 아직 그 사실을 모르지만), 또 당신 눈 밖에 난 사람도 실은 포기해버린 자기 자신의 일부를 보려고 스스로 만들어낸 홀로그램에 지나지 않는다는 사실을 입증하게 될 것이다.

벌써 야유 소리가 들리고, 내게 집어던지려는 바나나 껍질들도 보인다. 당신은 아마 이렇게 항의할 것이다.

"세상에! 난 절대 우리 상사 같은 인간은 사랑할 수 없어. 그 아내는 대체 어떻게 그런 인간과 살 수 있는지 모르겠어."

아니면 또 이런 말을 할 것이다.

"난 우리 장모 같은 사람은 절대 사랑 못 해. 장모를 사랑하느니 오사마 빈 라덴을 사랑하겠다."

그러나 1.0 세계관에서 2.0 세계관으로 옮겨간 상황에서는 무언가를 두려워하거나 고통스러워하거나 아파하거나 세상에 떠도는 홀로그램들에 대해 이런저런 판정을 내리는 순간 무한한 가능성의 장에 맞추었던 주파수가 틀어지게 된다. 무한한 가능성의 장은 모든 마법이 일어나는 곳이기 때문에, 조금이라도 빨리 그것과 주파수를 맞춰야 파티를 시작할 수 있다.

우리의 '원천(가능성의 장이든 신이든 뭐라 불러도 상관없지만)'은 모든 이와 모든 것을 사랑한다. 사실 가능성의 장은 아이돌 가수 저스틴 비버 Justin Bieber에 열광하는 10대 소녀처럼 우리를 좋아한다. 아직 나이도 어린 저스틴 비버가 어떤 파티에서 나이 든 스트립 댄서의 가슴을 입으로 깨물었다거나 거의 나체 상태로 맥주잔에 탁구공을 던져 넣는 게임을 했다거나 눈살 찌푸리게 할 만큼 과도하게 부를 과시했다는 뉴스가 나올 때에도 10대 소녀들이 중심이 된 '빌리버Belieber(빌리버believer와 비버Bieber의 합성어)'들은 변함없이 그를 좋아해주었는데, 가능성의 장 역시 그렇게 맹목적으로 우리를 좋아한다. 그러니까 우리가 비열한 행동을 하거나 남을 비판하거나 장모를 빈 라덴만큼이나 증오할 때조차도, 가능성의 장은 우리를 원래의 우리 모습 그대로, 축복받은 거대한 사랑의 존재로 봐주는 것이다.

그래서 나는 이렇게 말하고 싶다. 당신이 장모를 빈 라덴처럼 생각한다 해도 크게 잘못된 일은 아니지만, 그러지 않는 게 더 좋을 것이다. 이렇게 말하는 데는 다 이유가 있다. 우리가 다른 사람들(우리가 우리와 별개의 사람들이라고 생각하는 홀로그램들)을 완벽함과는 거리가 먼 사람이라고 생각할 경우, 무한한 가능성의 장과 연결이 끊어지게 되기 때문이다. 무한한 가능성의 장으로 향하는 파이프들을 우리 스스로 막아버리게 되는 것이다.

우리가 보는 세상의 모든 풍경과 사물들은 우리 마음속 프로젝터에 의해 투영된 것들이다. 당신 눈에는 비열하고 끔찍한 늙은 장모가 보이지만, 실은 그런 형상이 순전히 당신 자신의 의식 속에서 살아 움직이는 것일 뿐이라고 생각해보라. 그러니까 끔찍한 장모는 순전히 당신 스스로 만들어낸 배역이며, 당신의 멜로드라마 속에서 중요한 역을 맡고 있는 사람일 뿐이다.

정말 웃기는 것은 많은 사람들이 말도 안 되는 이야기를 믿는다는 것이다. 그들은 '내 삶은 엿 같아!'라는 1.0세계관의 이야기에 어이없을 정도로 많은 에너지를 쏟아붓는다. 그 이야기에 따르면, 우리가 해야 할 일은 문제를 찾아내고, 그 문제에 대한 모든 것을 속속들이 알아내는 것이다. 그 문제가 어디서 온 것이며, 왜 우리에게서 떠나지 않는지, 또 대체 누구 잘못으로 생겨난 것인지 등을 말이다. 그런 것들을 알아내기 위해 우리는 서포트 그룹을 만들거나 블로그를 시작하기도 한다. 그렇게 특정 문제를 없애는 일에 워낙 골몰한 나머지 그런 것이 우리 참모습처럼 되어버리고 말았다. 그러나 문제를 아주 싫어하고 그것을 없애는 일에 우리의 모든 것을 쏟아부음으로써, 우리는 오히려 그 문제에 점점 더 강력하고 큰 힘을 주고 있다.

벽을 허물어라

"벽이 무너지지 않으려면, 무언가가 그 벽을 잡아주어야 한다. 그래서 나는 그리스 신화에 나오는 접합의 신 엘메르에게 기도를 드리고 있다."
— 톰 로빈스 Tom Robbins, 작가

만일 당신이 잉크젯 프린터의 잉크 카트리지를 교체해본 적이 있다면, 교체 후 컴퓨터 모니터에 뜨는 메시지도 본 적이 있을 것이다. 잉크 카트리지를 교체한 다음 샘플 출력 상태가 좋은지를 확인하라는 메시지 말이다. 이때 프린터 헤드들이 제대로 정렬될수록 출력 상태는 더 깨끗해지게 마련이다.

우리 삶에도 같은 원칙이 적용된다. 우리가 무한한 가능성의 장과 제대로 정렬되어 있다면, 거부감 없이 그 가능성의 장과 연결될 것이며, 잉크(인생의 경우 사랑과 기쁨)가 쓸데없이 낭비되는 것을 막을 수 있을 것이다. 잉크젯 프린터가 제대로 정렬되어 있을 경우, 모든 것이 순조롭게 흐르고 모든 것이 잘 돌아가는 것이다.

그런데 불행히도 우리는 대부분 제대로 정렬되지 않은 상태에서 삶을 허비한다. 사랑과 긍정적인 기대를 갖고 재즈 가수 루이 암스트롱 Louis Armstrong의 'What a Wonderful World'를 부르는 것이 아니라, 눈에 보이는 모든 것을 잘게 나누고 분석하고 비판하면서 삶의 부정적인 면에만 집중하는 것이다. 그 바탕에는 이런 생각들이 깔려 있다.

- "나한테 잘해라. 그럼 나 역시 당신에게 잘할 테니까."
- "내가 지지하는 정당을 욕하지 마. 그래야 나와 대화할 수 있다."
- "내게 돈을 보여줘봐. 그럼 내 기분도 좋아질 거다."

하지만 삶은 그런 것이 아니다. 그렇게 해서는 가능성의 장과 우리가 제대로 정렬될 수가 없다. 모든 사람을 사랑하고 모든 것에서 '신의 얼굴'을 보고 늘 행복해하고 어떤 상황에서든 기뻐할 때, 가능성의 장과 우리는 제대로 정렬된다. 겉으로 보이는 현실이 당신 감정을 좌지우지하게 내버려둘 것이 아니라, 사랑과 평화와 더없는 만족밖에 모르는 가능성의 장과 연결되어야 한다.

누군가의 행동이 마음에 들지 않는다고 불평불만을 계속 가진다면, 우리는 가능성의 장과 연결될 수가 없다. 가능성의 장은 그야말로 순수한 사랑 그 자체이기 때문에, 우리가 겉으로 보이는 것만 가지고 따지고 들 경우 가능성의 장과 제대로 연결될 수 없는 것이다. 가능성의 장을 향해 바라는 모든 것은, 우리가 가능성의 장과 제대로 정렬되는 순간 아무 저항감 없이 우리 앞에 모습을 드러낸다. 여기서 '정렬'과 영적인 세계에서 흔히 쓰이는 '깨우침'은 같은 말이다. 일단 가능성의 장과 제대로 정렬되기만 하면, 우리는 바라는 모든 것을 손에 넣을 수 있다.

바라는 모든 것을 말이다.

그래서 나는 다시 한 번 강조하고자 한다. 우리의 잉크젯 프린터를 제대로 정렬하는 최선의 방법은 모든 홀로그램을 사랑하는 것이다. 눈에 보이는 것들은 지난 뉴스이다. 당신을 기쁘게 만들어주지 않는 것들은 무시하라. 그것들은 구시대의 산물이다. 이미 지나간 역사다. 그것들은 우리가 사랑 및 기쁨의 잉크젯 프린터와 정렬되는 순간 전부 순식간에 사라진다.

감사해야 할 또 다른 이유

"감사한 마음을 가져라. 삶이 충만해진다. 현재 우리가 갖고 있는 것이 충분하게 느껴지게 되고, 더 많은 것처럼 느껴지게 된다. 또한 거절이 승낙으로, 혼돈이 질서로, 혼란이 명료함으로 바뀌게 된다. 한 끼 식사가 잔치가 되고, 삭막한 집이 따뜻한 가정이 되고, 낯선 이가 친구가 된다."
— 멜로디 비티Melody Beattie, 《공동의존자 더 이상은 없다Codependent No More》의 저자

인생이 순풍에 돛단 듯 잘 풀려나갈 때 감사한 마음을 갖는 건 아주 쉽다. 그런데 모든 게 제대로 풀리지 않는 것처럼 보일 때는 어떤가? 그럴 때 나는? 무조건 "감사합니다"를 외친다.

완두콩만큼 조그만 뇌를 가진 우리 인간은 늘 큰 그림을 제대로 보지 못한다. 작은 점들을 찍어 그린 점묘화를 바로 코앞에서 보는 것과 비슷하다고나 할까. 그럴 경우 그저 수많은 점들만 보일 뿐이다. 그러나 몇 발자국 뒤로 물러나 감사한 마음으로 그 그림을 다시 보면 어떤가?

조르주 쇠라Georges Seurat의 그 유명한 점묘화 '그랑드자트 섬의 일요일 오후'가 보일 것이다.

인스파이어미투데이닷컴InspiremeToday.com의 설립자인 게일 린 굿윈Gail Lynne Goodwin이 들려준 이야기는 그런 현상을 잘 보여주는 더없이 좋은 예다. 몇 개월 전 게일과 그녀의 두 친구는 여자들끼리만 여행을 떠나기로 했다. 그런데 여행 당일 아침, 한 친구가 게일에게 전화를 걸어 어린 딸의 몸이 불덩어리처럼 펄펄 끓고 있어 나갈 수가 없다고 했다. 그러면서 "나는 왜 이렇게 운이 없는지 모르겠어"라고 한탄했다. 그 말을 듣고 게일은 평소 하던 대로 "와, 잘됐네!"라고 답했다. 이 말을 들은 친구가 말했다.

"말도 안 돼. 내 말 잘못 들었니? 나 오늘 못 가게 됐다니까."

게일이 또다시 말했다.

"와, 잘됐네! 네가 평소 잡다한 업무에서 벗어나 혼자만의 시간을 갖고 싶다고 늘 이야기했잖아. 여행은 못 가게 됐지만, 이게 얼마나 좋은 기회야."

그 친구는 게일에게 그런 사실을 상기시켜줘 고맙다고 했다. 그러고는 딸아이와 단둘이 즐거운 하루를 보냈다. 뿐만 아니라 인터넷 서핑을 하다가 지난 3년간 꿈꾸어온 바로 그 집도 얻게 되었다. 여행을 가지 못하게 되어 실망이 이만저만 아니던 그날 살펴보니, 그간 너무 비싸 차마 넘볼 수 없던 그 꿈의 집이 경매에 넘어가 시가의 4분의 1 가격에 나와 있었던 것이다.

그 친구는 꿈에 그리던 그 집을 계약했다고 한다. 그러니 당신이 보기에 당신 삶이 어떻든 일단 "감사합니다!"를 외쳐라. 그리고 모든 게 당신 뜻대로 풀려나가는 걸 보면서 다시 한 번 한없는 감사를 표하라.

이건 내게 일어난 일 가운데 최고야

"우주는 우리가 보는 것보다 훨씬 넓다."
— 헨리 데이비드 소로Henry David Thoreau, 철학자이자 작가

살아가면서 일어나는 모든 일에 대해 "감사합니다!"를 외칠 수 있게 된다면, 당신과 무한한 가능성의 장은 제대로 정렬될 것이다. 우리 대부분은 이런저런 문제들에 지나치게 골몰한다. 현재 우리를 지배하는 패러다임 속에서는 한계와 고난과 고통이 벽돌 쌓이듯 차곡차곡 쌓아올려져 있다.

그러나 한계와 고난과 고통은 오역에 지나지 않는다. 마치 인식은 동부 아프리카 스와힐리어로 말하는데, 우리는 영어로 말하는 꼴이다. 번역을 잘못하는 바람에 궁극적인 진실이 실종되어버린 것이다.

여기 한 가지 좋은 예가 있다. 당신 집이 홍수로 인해 물에 잠겼다고 하자. 이는 분명 살아 있는 동안 꼭 경험하고 싶은 일 가운데 하나는 아닐 것이다. 그런데 콜로라도 주 라이언스에 사는 나의 한 친구가 바로 그런 일을 당했다. 2013년 여름, 내 친구가 살던 지역에서는 홍수가 나서 지역의 반을 쓸어버렸다. 이는 곧 국가적인 재난으로 대서특필됐다.

그런데 재난이 일어나자 온 마을이 뒤집히면서, 늘 존재했지만 일상적인 현실에 묻혀 있던 사랑이 수면 위로 떠올랐다.

사랑이라는 언어를 마스터하는 데는 문제와 고통과 재난이 중요한 역할을 한다. 그러나 평상시의 현실(1.0 세계관) 속에서는 대개 사랑의 목소리가 들리지 않는다. 오디션 프로그램의 심사위원들처럼 끊임없이 무언가를 판정하고 비판하려는 우리 마음이 걸림돌로 작용하기 때문이다.

정신이 제대로 박힌 사람이라면, 그 누가 홍수를 바라겠는가? 그러나 그 홍수가 라이언스라는 지역 사회를 하나로 합쳐주었고, 사랑과 관대함을 만천하에 드러나게 해주었다. 내 친구는 라이언스 지역에서 솟아난 엄청난 사랑에 감당하기 힘들 만큼 벅찬 감동을 받았다. 홍수 때문에 전기도 나가버렸고 의식주에 필요한 모든 것이 사라졌지만, 이곳 사람들은 지역 사회에 대한 고마움과 크나큰 소속감, 누릴 수 있는 모든 사랑 등 중요한 것들을 모두 갖게 됐다. 일례로 추수감사절에는 지역 고등학교 학생들이 주민들 모두를 위해 호박 파이를 만들기도 했다.

나는 우리가 스스로 어떤 일을 하는지 잘 알고 있으며, 또 눈에 보이는 이런 '재난'이나 '사랑이 메마른 사람들'을 만들어내는 것도 어쩌면 우리가 세운 벽들을 허물기 위해서라고 생각한다. 사랑, 즉 우주 에너지는 늘 우리 곁에 있으면서 끊임없이 살아 꿈틀대고 자기 목소리를 내려 애쓰지만, 우리는 홍수 같은 재난을 통해서나 그 사랑, 그 에너지의 존재를 깨닫는 경우가 많다.

모든 사람이 당신의 친구다

"인식의 문을 깨끗이 청소하고 나면, 모든 것이 원래의 모습, 즉 무한한 가능성으로 나타난다."
— 윌리엄 블레이크William Blake, 시인

재능 있는 배우 숀 펜Sean Penn은 그간 여러 영화에서 다양한 역을 맡아왔다. 그는 〈리지몬트 연애 소동Fast Times at Ridgemont High〉에서는 서핑광으로, 〈데드 맨 워킹Dead Man Walking〉에서는 인종 차별적인 살인자로, 〈아이 엠 샘I am Sam〉에서는 정신적인 장애가 있는 아버지로, 〈밀크Milk〉에서는 전성기 때 총탄에 쓰러진 동성애자 인권 운동의 아이콘 하비 밀크Harvey Milk로 나왔다. 아마 실제 삶에서는 그 누구도 이러한 영화 속 삶들을 선택하려 하지 않을 것이다. 하나같이 매력도 없고, 얼핏 보기에도 실제 삶에서는 감내하기 힘든 역들이기 때문이다.

물론 숀 펜은 배우로서 폭넓은 경험을 쌓기 위해 그런 힘겨운 삶을 사는 인물들의 역을 선택했을 것이다. 그런 역들 덕에 많은 발전도 있었다. 배우로서 큰 성공을 거두어 아카데미상도 받았고, 특히 하비 밀크 역으로 골든 글로브상도 수상했다. 나는 우리가 사랑이 메마른 사람들의 홀로그램을 만들어내는 것도 그와 비슷한 경우라고 생각한다. 그 덕에 삶의 폭이 넓어지고, 또 큰 그림에서 보자면 마침내 '아카데미상'도 거머쥘 수 있기 때문이다.

매사 이런저런 판정을 내리기 좋아하는 우리 마음은 "오, 맙소사, 이건 재앙이야"라고 결론을 내리기 쉽다. 마음의 문을 닫고 모든 것을 재난으로 보는 것이다. 당장은 곤경이나 재난으로 보이는 일들이 결국 곤경이나 재난으로 위장된 기적으로 판명되는 경우가 많다. 우리가 내게만 내려진 불공평한 징벌이라 믿기 쉬운 암이, 실은 진리에 이르는 길이 되기도 한다. 그런 재난이 일생일대의 기회로 향하는 문이 될 수도 있음을 잊지 말아야 한다. 결정은 결국 우리의 몫이다.

'왜 선한 사람들에게 나쁜 일들이 일어나는가?'라는 의문을 갖기보다는 '왜 선한 사람들이 나쁜 일이 일어날 수 있다고 생각하는가?'라는 의문을 가져야만 한다. '나쁜 일'이란 심판이 판정을 내려 낙인을 찍은 것에 지나지 않는다. 그런 낙인을 찍을 자격이 없는 심판의 판정 말이다. 오디션 프로그램 〈아메리칸 아이돌〉 심사위원들이 출연자들에게 제니퍼 로페즈Jennifer Rofez나 키스 어번Keith Urban처럼 뛰어난 가수가 되라고 요구하지 않듯 우리에게는 옳고 그른 것을 판정하고 구분지을 자격이 없는 것이다.

매일 아침에 눈을 떠 "오늘은 그간 내게 주어진 날들 가운데 최고야"라고 말한다면, 당신은 아름다움과 기쁨이 무제한 샘솟는 가능성의 장과 제대로 정렬이 될 것이다. 그러면 또 모든 사람이 우리의 친구가 될 것이다.

나는 우리 모두가 이런저런 고통과 재난을 만들어낼 것이 아니라, 사랑을 깨닫고 사랑을 불러내는 날이 오기를 고대한다. 그날이 올 때까지 우선 나부터 심사위원 자리에서 물러날 것이다.

경험이 뒷받침된 증거

"그간 우리의 탈출로는 늘 생각에 기대는 것이었다. 우리가 좇아야 할 지침은 단 하나, '존재 안에서 쉬라'는 것이다. 이 한 가지 지침이 모든 것을 변화시킬 것이다."
– 스콧 킬로비Scott Kiloby, 작가이자 교사

2013년 4월 15일, 보스턴 마라톤 결승선 근처에서 압력솥 폭탄 2개가 폭발했다. 당시 온 세상은 사람들이 팔다리가 훼손된 채 안전한 곳을 찾아가려고 안간힘을 쓰는 장면을 진저리치며 지켜봤다. 당시 제임스 코스텔로James Costello는 결승선 근처에 서 있었는데, 두 번째 폭탄이 바로 그의 발 근처에서 터졌다. 잠시 후 카메라에 잡힌 그는 입고 있던 옷이 너덜너덜해질 정도로 심한 화상을 입은 채 멍하니 서 있었고, 그 장면은 곧 그 비극적인 사건을 상징하는 장면 중 하나가 되었다.

그의 친구들은 그를 빔Bim이라 불렀는데, 빔은 매사추세츠 종합병원에서 2주일간 돼지 피부를 이식받는 등 여러 차례의 수술을 받았고, 그 뒤 보스턴에 있는 스폴딩 재활병원으로 이송됐다. 이 모든 과정은 누구도 절대 선택하고 싶지 않을, 그런 고통스러운 경험이었다.

그러나 코스텔로는 이렇게 말한다.

"저는 사실 폭탄을 맞은 게 기뻐요."

뼈를 깎는 듯한 재활 치료 기간 중에 그는 크리스타 다고스티노Krista D'Agostino를 만났다. 그녀는 스폴딩 재활병원에서 임시 간호사로 일하고 있던 검은 머리의 아름다운 여성으로, 몸에 감긴 붕대를 갈아주러 왔다가 그를 만났다. 코스텔로는 보스턴 폭탄 테러 사건 생존자들을 위한 모금 행사에 그녀를 초대했고, 그 일을 계기로 두 사람은 정식 데이트를 시작했다. 그리고 그해 12월, 열흘간 유럽을 둘러보는 유람선 여행 도중 코스텔로는 크리스타에게 청혼했다.

"저는 다른 사람들이 폭탄 맞는 일을 당하지 않길 바랍니다. 하지만 그 일 덕분에 제게는 그간 일어난 일들 중 가장 멋진 일이 일어났어요."

아직도 오른쪽 다리에 박힌 금속 파편들을 제거 중인 코스텔로는 다음과 같이 말을 이었다.

"저는 이제 제가 왜 그 비극적인 사건에 연루됐는지 알아요. 나의 가장 좋은 친구, 평생을 함께할 내 사랑을 만나기 위해서였죠."

실험 방법

"참을성을 기르는 훈련을 할 때는 나의 적이 가장 좋은 스승이다."
– 달라이 라마, 티베트의 영적 지도자

혹 평생 인연을 찾는 데 중매 사이트를 이용하는 게 좋다고 생각한다면, 그 전에 이걸 시도해보라. 성가시게 월 회비를 낼 필요도 없는 이 실험은 2가지를 입증하기 위한 것이다. 첫째, 사랑은 우리가 발견해야 하는 것이 아니다. 둘째, 당신이 모든 것을 사랑한다면, 당신과 자원(또는 우주나 신)은 제대로 정렬되어 원하는 모든 것을 손에 넣게 될 것이다. 그다음 당신은 다음 2가지만 하면 된다.

- **애정 공세를 펴라.** 포스트잇(포스트잇은 다양한 색깔로 나온다)을 준비해. 거기에 이 세상을 향한 연애편지를 써라. 그다음 그 포스트잇을 여기저기 사방에 붙여라. 도서관 책들 안에도 붙여라. 지폐 뒤쪽에도 붙여라. 그리고 아침에 커피를 사 먹을 때 그 지폐를 내라.
- **세상에서 가장 꼴 보기 싫은 사람에게 감사하라.** 나는 언젠가 저자 웨인 다이어가 보수적인 성향의 토크쇼 호스트이자 논객인 러시 림보Rush Limbaugh가 교회 제단에 서 있는 모습을 담은 사진에 대해 우스갯소리를 하는 걸 들은 적이 있다. 웨인 다이어는 그 사진에서 러시 림보 곁에 성 프란체스코와 노자 같은 성인들이 함께 서 있는 걸 봤다고 했다. 그에 따르면, 사람들을 울화통 터지게 하는 데 조예가 깊은 러시 림보야말로 우리에게 과연 어떤 인물까지 사랑할 수 있나, 조건 없이 사랑한다는 게 무엇인가를 알려주는 인물이니, 성인들에게 사랑받지 않을 수 없다는 것이다. 그러니 당신도 당신을 울화통 터지게 만드는 누군가를 찾아내(나는 당신이 벌써 누군가를 생각하고 있다는 걸 잘 안다), 그 사람에게 감사할 거리를 찾아보라.

위의 2가지 일을 실천하기 전과 후에, 당신이 그 꼴 보기 싫은 누군가에게 준 점수(1점부터 10점까지)가 어떻게 달라졌는지 확인해보라.

실험 보고서

실험: 미움과 사랑의 문제

이론: '그들'이란 없다. '우리'가 있을 뿐이다.

의문: 내가 견디기 힘들어하는 모든 사람이(그리고 그런 상황과 일과 사물들이) 내게 성장할 수 있는 기회를 주는 축복일 수도 있지 않을까?

가설: 내가 더 많은 사랑을 발산할수록, 나와 무한한 가능성의 장은 더 잘 정렬된다.

주어진 시간: 3일

접근 방식: 아주 꼴 보기 싫은 사람에게 감사해야 할 일들을 열심히 찾아보라. 그리고 그 상대를 다른 관점에서 보기 위해 노력하라. 그 상대는 학교에서 따돌림당하는 어린아이일 수도 있다. 아니면 방법이 틀리긴 했지만, 상대의 표독스러움에 감사할 수도 있다. 앞으로 3일간 온 세상을 향해 애정 공세를 펴보라. 그 전과 후에 그 꼴 보기 싫은 사람에 대한 당신의 감정이 어떻게 달라졌는지 확인해보라.

그 전의 감정: _____

그 후의 감정: _____

연구 노트: _____

_____

_____

_____

_____

_____

_____

"한없이 유연한 마음을 갖고 늘 경탄하라."
— 제이슨 크라비츠 Jason Kravits, 영화배우

> 나의 블로그 이야기

난 아무것도 모른다

나는 한스 슐츠Hans Schultz에 대해 많은 생각을 해봤다. 한스 슐츠는 옛날에 방영된 TV 시리즈물〈호건의 영웅들Hogan's Heros〉에서 빌헬름 클린크Wilhelm Klink 대령의 명령을 받아 포로수용소를 관리하는 상사다. 슐츠 상사는 스탈라그13 포로수용소에서 특수 작전을 펼치는 연합군 포로들의 속셈을 뻔히 알면서도, 어설픈 상사인 빌헬름 대령에게 늘 똑 부러지는 특유의 독일어 억양으로 그 유명한 "난 아무것도 몰라요I know nothing."라는 말을 한다.

나는 평소 그 말을 억양까지 그대로 흉내 내가며 아주 자주 쓴다. 사실 그 말은 나의 영적 수련에서 중요한 역할을 하는 말이기도 하다. 나는 내가 무언가를 제대로 파악했다고 생각할 때마다 그리고 내 바람 또는 꿈에 도달하는 길을 찾았다고 믿을 때마다, 곧 그런 나 자신이 오히려 걸림돌이 되어버린다는 걸 배웠다. 내 이해력에는 한계가 있기 때문이다. 그러나 내가 한스 슐츠 상사처럼 '난 아무것도 몰라'라고 생각하는 순간, 문이 활짝 열리며 온갖 축복이 쏟아져 들어온다.

예를 들어 나는 '더데일리러브TheDailyLove.com'에 처음 포스팅을 한 뒤 놀라운 반응을 경험한 적이 있다. 더데일리러브는 젊은 사업가 마스틴 킵Mastin Kipp이 운영하는 유명한 웹사이트로, 그는 최근 다음 세대를 이끌어갈 사고를 가진 젊은 리더들 중 한 사람으로 오프라 윈프리의 토크쇼에 출연하기도 했다. 나는 우연히 그가 출연한 토크쇼를 보고 그에 대한 정보를 찾아봤는데, 놀랍게도 그는 나와 같은 고향 사람이었다. 더데일리러브에 글을 올리기로 마음먹은 나는 그가 나의 '대단한 지혜'에 관심을 갖게 하려고, 생각해낼 수 있는 온갖 노력을 기울였다. 지역 잡지인 〈로렌스 매거진 Lawrence Magazine〉에 그에 대한 기사를 쓰기까지 했다. 그러니까 직접 만나 대화까지 나눠봤다 이 말이다.

그 모든 노력의 결과가 어땠을 것 같은가? 더데일리러브의 관심을 끌려는 내 첫 시도들의 결과 말이다. 헛수고였다. 아무 소득이 없었다. 전혀 먹히지 않은 것이다.

결국 나는 이런저런 계획을 세우려 하지 않았고, 한스 슐츠 상사처럼 계속 "난 아무것도 몰라"라고 하면서 모든 걸 잊어버렸다(이제는 '일단 시작하고 잊어버려라'가 나의 새로운 주문이다). 그러자 더데일리러브의 편집자이자 '러브 큐레이터'로 널리 알려진 매들린 가일스 Madeline Giles가 내게 연락을 해왔다. 그야말로 갑자기, 새로 나온 내 책이 정말 마음에 와 닿는다며 더데일리러브에 글을 기고할 생각이 없느냐고 물어온 것이다.

'난 아무것도 모른다'는 생각이 오히려 원하는 것을 얻게 해준다는 걸 입증해준 것에 대해, 한스 슐츠 상사에게 고마움을 표하고 싶다.

실험5.
늘 부족한 돈의 문제

1.0 세계관: 여기에 나열하기에는 너무 많다. 아래를 보라.
2.0 세계관: 돈은 에너지이자 당신이 갖고 있는 믿음들의 반영에 지나지 않는다.

전제

"나는 돈 버는 게 쉽다는 걸 알게 됐다. (…) 그리고 돈이 내가 이 세상에 온 목적이 아니라는 것도 알게 됐다."
– 피스 필그림Peace Pilgrim, 평화주의자이자 인권 운동가

이 실험에서 우리는 돈이 에너지에 불과하다는 사실을 입증할 것이다. 또한 우리가 돈을 갖지도 즐기지도 못하면서 우리가 이 세상에 온 것이 돈 때문이 아니라는 걸 깨닫지 못하는 것은, 순전히 돈에 대한 우리의 감정 때문이라는 사실도 입증할 것이다. 현재 당신의 재정 상태는 당신의 믿음과 기대가 반영된 것이다. 당신의 믿음과 기대가 바뀌는 순간, 재정 상태 역시 완전히 바뀌게 될 것이다.

1.0 세계관에서 돈에 대한 우리의 믿음은 완전히 왜곡되어 있다. 1.0 세계관에서 우리는 돈이 형제나 자매보다 더 중요하다고 믿는다. 돈이

라는 이름의 종잇조각과 우리 이름이 새겨진 플라스틱 신용카드를 신 모시듯 하며 엎드려 절하고 숭배하는 것이다.

이제 돈과 관련된 잘못된 믿음들을 직시하자. 그런 믿음들이 실은 새빨간 거짓말이라는 사실을 만천하에 폭로해야 할 때다.

벽을 가득 메운 돈, 돈, 돈

"돈이 만일 사람이라면, 그 사람은 아마 넘볼 수도 없는 할리우드 스타이거나 아니면 신 같은 존재일 것이다."
– 바이런 케이티Byron Katie의 《작업The Work》에 나오는 어느 교사

우리 대부분은 돈과 관련해 걱정이 아주 많다. 우리는 돈이란 한정된 것이며, 손에 넣기 어렵고, 예측 불가능한 대상이라고 생각한다. 또한 돈은 우리 통제 밖에 있으며, 우리 위에 있는 어떤 힘이 보이지 않는 줄을 이용해 그 돈을 꼭두각시처럼 움직인다고 생각한다. 게다가 그 돈을 대개 우리가 아주 싫어하고 경멸하는 직업들과 연결시켜 생각한다.

그럼 이제 돈에 관한 새빨간 거짓말 10가지를 하나하나 살펴보겠다.

새빨간 거짓말1: 행복해지려면 돈이 있어야 한다. 그러나 아직 자연과 충분히 접촉하며 살아가는 개발도상국 국민들은(선진국 국민들은 자연를 잊기 위해 할 수 있는 모든 일을 다 하고 있지만) 사람이 축적할 수 있는 돈의 양이나, 그렇게 모은 돈으로 살 수 있는 우스꽝스러운 것들에 큰 의미

를 두지 않는다. 실제로 그 어떤 행복지수도 GDP와는 관련이 없다.

새빨간 거짓말2: 돈이 있으면 더 행복해진다. 영화배우 오웬 윌슨Owen Wilson을 생각해보라고 말하고 싶다. 그는 6,000만 달러 상당의 재산을 갖고 있었지만, 2007년에 면도칼로 자신의 손목을 그었다. 정말 다행스럽게도 그의 자살은 미수에 그쳤고, 결국 그는 돈으로 행복을 살 수 없다는 것을 보여준 산 증인이 됐다. 또 다른 영화배우 짐 캐리Jim Carrey는 모든 사람이 부자가 되고 유명해져 그게 인생의 답이 아니라는 것을 알게 됐으면 좋겠다는 유명한 말을 하기도 했다.

새빨간 거짓말3: 돈을 벌려면 뼈 빠지게 일해야 한다. 다음 질문에 답해보라. 하루 8시간 근무하는 공장 노동자와 부동산 재벌 도널드 트럼프Donald Trump 가운데 누가 더 열심히 일할 것 같은가? 가난한 사람들은 최저 임금을 받으며 노예처럼 일하고, 성공하기 위해 점점 더 많은 시간을 쏟아붓는다. 그러나 적어도 나의 경우에는 예고도 없이 돈이 들어오는 일이 많았다. 여태껏 내가 받은 그 수많은 이메일들은 또 어떻게 설명할 수 있을까? 갑자기 예기치 않은 돈이 들어왔다는 사람들 이야기는 수도 없이 많았다.

새빨간 거짓말4: 많다고 해봐야 한계가 있다. '당신에게는 이런저런 것이 없고 또 그것들은 수량에 한계가 있으니, 어서 사라'라고 사람들을 설득하는 데 들어가는 광고비가 무려 5,000억 달러다. 일단 돈과 자원이 한정되어 있다고 규정하면, 말하고 생각하고 행동하는 데 필요한 에너지는 온통 그 부족함을 극복하고 이미 가지고 있는 것을 잃어버리지 않으려는 데 쓰게 된다.

새빨간 거짓말5: 돈은 많을수록 좋다. '많다고 해봐야 한계가 있다'는 거짓말4의 자연스러운 파트너인 이 거짓말은 이미 가지고 있는 것을 제대로 즐기지 못하게 만든다. 우리는 이 거짓말로 인해 끊임없이 더 큰 것을 가지려 안간힘을 쓰게 되고, 다른 사람들에게 뒤처지지 않기 위해 점점 더 많은 것을 가져야 한다며 불안해한다. 이미 우리 눈앞에 있는 것들로는 만족할 수 없게 되는 것이다. 돈이 지나치게 많으면 특권의식이 생겨나고, 사람들로부터 고립되어 인간관계의 기쁨도 줄어들게 된다. 도널드 트럼프는 재산이 70억 달러로 알려져 있는데, 나는 그렇게 많은 돈을 모으는 것은 집 안에 낡은 신문과 깨진 물통 등 온갖 잡동사니와 쓰레기를 모아 쌓아두는 것과 별반 다를 게 없다고 생각한다.

새빨간 거짓말6: 경제 시스템은 이미 정해져 있으며, 그것을 바꾸기 위해 우리가 할 수 있는 일은 아무것도 없다. 우리는 부자가 점점 더 부자가 되고 돈을 틀어쥔 사람들이 권력을 휘두르는 걸 보면서 세상이 불공평하다고 느낀다. 그러면서도 계속 정해진 경제 시스템 안에서 살아가며 '세상은 원래 그렇고, 우리가 할 수 있는 일은 아무것도 없다'는 새빨간 거짓말을 그대로 믿는다. 그러나 이런 가정, 이런 전통, 이런 습관은 사람들을 자포자기하게 만들 뿐 아니라, 모든 사람이 풍요로운 삶을 사는 게 가능하다는, 보다 정확한 비전을 가로막는다. 그러나 1970년대에 이미 위대한 건축가이자 인도주의자였던 버크민스터 풀러는 인간 문명이 일대 전환점을 맞고 있다는 것을 깨달았다. 이제 모든 사람이 충분한 식량과 물 그리고 집을 보유해 풍요롭고 생산적인 삶을 살 수 있는 새로운 패러다임이 가능하다는 것을 알게 된 것이다.

새빨간 거짓말7: 돈은 나쁜 것이고, 많은 돈을 가진 사람은 정말 나쁜 사람이다. 돈 많은 사람이 천국에 들어가는 것은 낙타가 바늘구멍을 통과하는 것만큼이나 어렵다는 성경 구절을 기억하는가? 그 구절이 이 거짓말의 근원인지는 잘 모르겠지만, 돈 자체는 원래 아무 문제가 없다는 것을 나는 잘 안다. 돈은 훨씬 더 깊은 그 무언가의 그림자에 지나지 않기 때문이다. 케이트 노스럽Kate Northrup은 그녀의 저서 《돈: 러브 스토리Money: a Love Story》에서 돈에 대해 보다 발전적으로 생각하려면 돈을 그저 하나의 가치 교환 수단으로 봐야 한다고 했다. 새로 사귄 내 친구 펠리시아 스파Felicia Spahr는 "돈은 모든 사람의 가장 친한 친구인데, 우리는 그런 사실조차 모르고 있다"고 말했다.

새빨간 거짓말8: 일은 고역이다. 사람들은 일을 아주 큰 고역이라고 생각한다. 그래서 일 생각을 할 때면 우리 뇌 속의 모든 신경 회로들이

"나를 여기서 벗어나게 해줘!"라고 외친다. 우리가 원하는 것은 주말과 휴가이며, 일은 단지 어떤 목표에 도달하기 위한 수단이라고 믿는 것이다. 이런 식으로 생각하는 한, 우리는 일이 주는 그 큰 즐거움과 기쁨을 놓칠 수밖에 없다.

새빨간 거짓말9: 돈을 벌려면 직업을 가져야 한다. 돈과 일은 팬케이크와 시럽, 러시아와 보드카, 유명 인사와 파파라치처럼 불가분의 관계를 갖고 있다. 그러나 돈과 일은 아주 오랜 기간 데이트를 해왔으면서도 절대 결혼은 하지 않는다. 나 역시 거의 20년간 정식 직업을 가져본 적이 없다.

새빨간 거짓말10: 돈은 우리와 거리가 먼, 신화 속 반신반인 같은 것이다. 이제 슬슬 깨닫기 시작하고 있겠지만, 돈과 관련된 새빨간 거짓말은 그랜드캐니언을 가득 메울 만큼 많다. 그래서 이 세상은 더없이 풍요롭다는 진실에 좀 더 다가가기 위해, 나는 이 거짓말에 다음과 같은 몇 가지 거짓말을 보태고자 한다. "나는 돈 많은 사람들과는 다르다." "돈을 벌려면, 남을 속이고 거짓말을 해야 한다." "돈을 벌려면 즐길 시간이 없다." "돈 없이는 그 무엇도 가질 수 없다."

지금까지 1.0 세계관에서의 돈에 대해 알아봤다. 이제 2.0 세계관에서의 돈에 대해 살펴보자.

돈의 늪에서 헤어나오려면

"우주에는 풍요로움이 넘쳐흐르지만, 그 풍요로움도 부족함과 한계를 믿는 사람들에게는 전혀 찾아오지 않는다."
– 폴 자이터Paul Zaiter, 영적 교사

　돈에 대한 그 많은 잘못된 믿음들이 기억나는가? 그런 믿음들을 이제 바꿔야 한다. 풍요로움에 대한 믿음 내지 의식은 누구나 가질 수 있어서, 공기와 마찬가지로 갖고 싶어 하는 모든 사람에게 무료로 주어진다. 인간이라면 누구나 자신이 평생 누릴 수 있는 것보다 더 많은 풍요로움을 누릴 수 있는 것이다. 일단 풍요로움에 대한 믿음 내지 의식을 갖게 되면, 가는 곳마다 돈이 따라다닐 것이다.
　그러나 그 전에 먼저 2.0 세계관의 패러다임이라 할 수 있는 다음 6가지 진실을 잘 알아야 한다.

　명백한 진실1: 돈은 실재하지 않는다. 돈은 일종의 교환 수단이며, 모든 물질적인 것에는 우리가 그것들에 직접 부여하는 숫자 외에는 아무런 가치도 없다. 게다가 그 숫자는 언제든 변할 수 있다. 오늘 50만 달러짜리 집이 내일은 그 2배 가격에 팔릴 수도 있는 것이다. 투자신탁회사가 고객 돈을 단기 금융 상품에 투자해 수익을 얻는 초단기 금융 상품은 1주일에 25%씩 오르기도 한다. 결국 돈에는 우리가 그것에 부여하는 가치 외에 아무런 가치도 없다. 또한 돈, 아니 우리가 돈이라고 생각하는 지폐나 동전 등은 우리 자신의 부 의식을 과시하는 수단에 지나지 않는다. 번영에 대해 가르치는 케냐 출신의 영적 교사 데이비드 카메론 기칸디David Cameron Gikandi에 따르면, 은행에 있는 돈의 4%(케냐 기준으로)만이 물리적인 형태로 존재한다고 한다. 돈은 늘 다른 무언가의 그림자다. 그런 돈이 우리 삶에서 갖는 의미는 우리 자신이 그것에 부여하는 가치 그리고 우리 자신이 '돈에 대한 기대'라는 이름의 비커에 담는 재료, 이렇게 2가지다.

명백한 진실2: 돈은 우리 생각을 둘러싸고 형성되는 에너지다. 나는 언젠가 자신이 가진 돈을 모두 사회에 환원한 어느 여성을 인터뷰한 적이 있다. 사실 그간 인터뷰한 사람 가운데 전 재산을 사회에 환원한 사람은 한둘이 아니었다. 모든 부를 다 내려놓은 백만장자 이야기는 〈피플〉이 자주 다루는 인기 있는 이야기이기도 하다. 앞서 이야기한 그 여성은 날 때부터 돈이 많았다. 그녀의 할아버지가 꽤 유명한 기업가였던 것이다. 그녀의 부모들은 세계 도처에 집이 있었다. 그러나 그녀는 '돈이 없어 굶주리는 사람도 많은데, 그렇게 과한 부를 갖고 있는 것은 옳은 일이 아니다'라고 생각했고, 결국 그 막대한 유산을 전부 사회에 환원했다. 그다음 이런저런 워크숍을 열어, 대의를 위한 일을 하기 시작했다. 그 과정에서 자신도 모르는 새에 또다시 수백만 달러를 벌어들였다. 이 이야기가 주는 교훈은 무엇일까? 바로 우리가 누군가의 돈을 빼앗을 수는 있어도, 그의 부에 대한 의식까지 빼앗을 수는 없다는 것이다.

명백한 진실3: 부족함과 한계를 보는 렌즈를 뺀 뒤 바라본 세상은 놀랄 만큼 풍요롭다. 전직 벨기에 중앙은행 임원으로 유로화 탄생에 중요한 역할을 한 베르나르 리에테르$^{Bernard\ Lietaer}$는 자신의 저서 《인간의 부에 대해$^{Of\ Human\ Wealth}$》에서 부족하다는 생각은 잘못 이해되고 있는 문화적 프로그래밍일 뿐이라고 말한다. 다시 말해, 전 세계적으로 만연되어 있는 밈, 즉 모방을 통해 습득되는 비유전적 문화 요소라는 것이다. 우리는 부족함과 그로 인해 야기되는 탐욕이 정상적이고 타당한 현실이라 보고 있지만, 부족함이나 탐욕은 자연 상태에서는 존재하지 않는다. 물론 인간 본성에도 맞지 않는 특성들이다. 끊임없이 부족함과 한계를 노래하는 우리 몸을 생각해보라. 우리 몸에는 50조 개도 넘는 세포가 들어 있다. 50조가 얼마나 큰 숫자인지 상상이나 가는가? 그런가 하면 우리 눈에는 1억 개의 수용체가 들어 있다. 그런데 떠오르는 달과 밤하늘의 북두칠성과 네 잎 클로버를 즐길 수도 있는 그 많은 수용체로, 우리는 고작 4인치짜리 조그만 스마트폰을 들여다보고 앉아 있다.

명백한 진실4: 어느 것 하나 부족함이 없다. 어느 해 가을 한 포도밭에서 포도를 땄던 일이 기억난다. 톰 소여$^{Tom\ Sawyer}$가 울타리에 페인트칠해 볼 기회를 준다고 큰소리를 치며 친구들을 부려먹었듯 포도밭 주인들이 지역 주민들을 초대해 포도 따는 일을 도울 기회를 주고 있었다. 그런데 주민들 사이에서 반응이 엄청나게 좋아 매년 대기자 명단이 작성될 정도가 됐다. 이 천재적인 아이디어를 떠올리기 전까지만 해도 포도밭 주인들은 계절마다 노동자들을 고용해 돈을 주고 포도를 따야 했지만, 이제는 많은 사람들이 서로 보수 없이 그 일을 하겠다고 아우성이다. 나는 포도 따는 일에 참여한 것이 무척이나 감사했다. 이 세상이 얼마나 풍요로운지를 온몸으로 생생히 느껴볼 수 있는 좋은 기회였기 때문이다. 포도밭에는 사람들이 다 딸 수도 없을 만큼 많은 포도가 있었다. 그리고 우리가 바구니를 들고 달려가기도 전에 이미 많은 포도가 땅에 떨어져 있었다. 아마 포도밭에 가본 사람치고 차고 넘치는 풍요로운 현실을 느끼지 못한 사람은 없을 것이다. 풍요로움은 자연 세계에서는 늘 볼 수 있는 현상이다. 나무 한 그루를 보라. 수천 개의 잎사귀들이 달려 있지 않은가. 지구 상에는 또 얼마나 많은 나무들이 있겠는가? 나로서는 짐작조차 하지 못하겠다. 자그마한 우리 앞뜰에는 또 얼마나 많은 풀들이 자라나고 있는가? 만물의 어머니인 자연은(인간에게 두려움을 주기도 하지만) 그야말로 필요한 모든 것을 다 내어준다.

명백한 진실5: 우리에게 정말 필요한 것은 이미 다 주어졌다. 돈이 많든 적든, 당신은 현재 잘 지내고 있다. 우리는 안전, 편안함, 휴식, 승인, 기쁨 등 우리가 원하는 모든 것들을 돈과 연결 짓는 경향이 있지만, 사실 그런 것들은 계좌에 많은 돈이 들어 있지 않아도 얼마든지 누릴 수 있는 것들이다. 그 모든 것은 우리가 물려받은 유산 속에 포함되어 있으며, 그야말로 아무 대가 없이 무료로 주어진다. 다만 불행히도 바로 앞에서 다룬 새빨간 거짓말들에 가려 제대로 보이지 않을 뿐이다.

우리가 부족함과 한계를 생각하는 데만 몰두하지 않는다면, 세상에는 그밖에도 소중한 재산이 얼마든지 더 있다. 오늘 아침 태양을 떠오르게 하려고 당신이 해야 할 일이 있었는가? 태양에게 고맙다고 말하라. 당신 심장에게 연간 3,600만 번이나 뛰면서 온몸에 피를 펌프질해 보내라고 지시해야 했는가? 당신 폐에게 신선하고 깨끗한 산소를 들이마시라고 지시해야 했는가? 우리가 만일 모든 게 제한되어 있다는 마케팅 관계자들의 요란한 선전 대신 끝없이 베푸는 지구의 후함에 집중한다면, 발기부전이나 우울증, 수면 장애와 관련된 TV광고들 대신 우리 앞에 펼쳐진 푸짐한 선물들에 집중한다면, 분명 세상을 지배하는 현재의 패러다임을 완전히 고쳐 쓸 수 있을 것이다.

명백한 진실6: 우리를 부유함에서 멀어지게 하는 것은 단 하나, 모든 게 부족하고 한정되어 있다고 믿는 잘못된 습관이다. 나와 도널드 트럼프 같은 백만장자가 정말 다른 점은 이것이다. 나는 부를 과시할 마음이 없다. 원하는 것은 무엇이든 다 손에 넣을 수 있다는 것을 알면 마음이 편한데, 무엇 때문에 번거롭게 물질적인 짐을 잔뜩 끌고 다니며 부를 과시한단 말인가? 나의 롤모델은 피스 필그림이다. 그녀는 젊은 시절 중요한 한 가지 사실, 즉 '돈을 버는 건 쉽다'는 것을 깨달았다. 이후 세속적인 재산을 다 포기하고 등에 옷가지들만 짊어진 채 걸어서 전 세계를 돌아다녔다. 그렇게 28년간 전 세계를 돌아다닌 뒤, 그녀는 "삶은 충만하고, 정말로 좋은 것이다. (…) 모든 좋은 것들, 즉 사랑과 평화와 기쁨이 늘 내 주변을 에워싸고 있는 느낌이다. 정말이지 그 모든 게 나를 지켜주기 위해 에워싸고 있는 듯하다"라고 말했다. 우리 모두가 정말 필요로 하는 게 그런 것 아닌가? 세상은 무한하고 풍요로우며 이상하게도 내 편이라는 확신. 그보다 중요한 게 또 있을까?

경험이 뒷받침된 증거

"나는 이런 믿음들을 버릴 것을 강력히 권한다. 이 믿음들은 부정확하고 멜로드라마 같으며 당신에게 아무 도움도 되지 않는다."
– 셰릴 스트레이드, 작가

2008년 불경기가 전 세계를 강타했을 때, 지구 상의 다른 모든 사람들과 마찬가지로 나 역시 고난의 행렬에 참여하라는 정중한 '초대장'을 받았다. 평소 같았으면 그런 초대는 정중히 거절했겠지만, 그 당시의 나는 그러질 못했다.

나는 이미 오래 전에 사람이 언제든 고통과 역경에 빠질 수 있다는 사실을 배웠다. 그러나 만일 허구한 날 쏟아져 들어오는 '부정적인 초대'를 받아들였다면, 나는 아마 17권의 책을 쓴 저자도 되지 못했을 것이고, 〈피플〉의 기자도 되지 못했을 것이고, 세계 여행가도 되지 못했을 것이다.

회의론자들은 늘 내게 이렇게 말했다.

"불가능한 일이야. 책을 쓰는 게 얼마나 힘든 일인데. 책 파는 건 훨씬 더 힘든 일이고. 게다가 당신은 이름도 없는 캔자스 출신이잖아. 저널리즘 분야에서도 B급밖에 안 되고. 그러니 제발 책은 쓰지 마."

그러면 나는 늘 이렇게 반박했다.

"그런 얘기라면, 차라리 내 손한테 말해. 그건 당신들이 세상을 보는 방식이지. 난 당신들과는 전혀 다른 현실을 택했어. 당신들보다는 더 높은 길을 갈 거라고."

그런데 3년간 꾸준히 수입이 늘어나 〈내셔널 지오그래픽〉 측에서 제안한 네 번째 프로젝트를 거절할 정도로 사정이 좋아지자, 나는 자만심에 사로잡혀버렸다. 바로 그 무렵부터 매스컴에서는 하루가 멀다 하고 나쁜 소식들이 들려왔다. 세계적인 불황의 직격탄을 맞은 분야 중 하나가 바로 내가 속해 있던 언론 및 출판 분야였다. 출판사들은 예산을 줄이는 등 허리띠를 졸라맸고, 책 출간 종수도 줄였다. 언론 분야에 종사하던 많은 동료들도 하루아침에 일자리를 잃었다.

다시 말하지만, 평소 나는 고통이니 시련이니 하는 말들을 믿지 않는다. 그보다는 상황이 어떻든 세상이 늘 풍요롭다는 것을 믿는 쪽이다. 그러나 2009년에 이르러서는 연일 이어지는 암울한 뉴스들에 조금씩 흔들리기 시작했고, 결국 쓰레기통을 뒤져 전에 집어던졌던 '불경기 파티 초대장'을 끄집어냈다. 그리고 뒤늦게나마 그 초대에 참석해 파티를 살짝 엿보기로 했다.

파티는 한창 진행 중이었다. 내 출판 에이전트는 끊임없이 "아무 책도 팔리지 않아요"라는 말을 주문처럼 외워댔다. 평소 책을 자주 사서 보던 독자들은 서점 한쪽 구석의 소파에 앉아 '요즘 같은 불경기에는 도저히 책을 살 여유가 없어'라며 한탄하고 있었다.

무슨 일이 일어났는지 미처 깨닫기도 전에, 나는 앞 사람의 어깨에 두 손을 얹은 채 줄지어 파티장 한가운데로 나가 있었다. 나는 파티 분위기를 끌어 올리려는 디제이의 선창에 맞춰 '끔찍해' 블루스를 부르기 시작했다. 나는 내 말에 귀 기울여주는 모든 사람에게 힘들어 죽겠다고 말했다. 그리고 오래지 않아, 내가 아는 모든 사람들에게 프리랜서 작가로서의 내 경력은 끝났다고 떠들었다. 심지어 이미 써온 책들이 제법 많음에도 불구하고, 내가 이미 늙어 볼 장 다 본 퇴물이라고 떠들었다. 그러면서 사람들의 동정을 흠뻑 받았고, 또 그걸 즐겼다.

그러다 어느 날, 나는 내 서재 한구석에 꽂혀 있던 《놓치고 싶지 않은 나의 꿈 나의 인생 Think and Grow Rich》을 꺼내 읽었다. 그 책의 저자 나폴레온 힐 Napoleon Hill이 한 "생각이 곧 모든 것이다"라는 말을 읽으면서, 나는 문득 어떤 깨우침을 얻었다. 내 생각과 말들이 얼마나 강력했는가. 그간 내가 해온 일들을 보라. 순전히 내 생각만으로 이런 재난을 만들 수 있다면, 그 반대되는 것도 쉽게 만들어낼 수 있지 않겠는가.

그 시절을 돌이켜보면 다소 당혹스럽다. 오랜 세월 잘 지켜왔던 원칙들을 어떻게 그리 한순간에 헌신짝 버리듯 할 수 있었던 것일까? 나는 너무도 잘 안다. 나 자신의 현실을 만들어내는 건 나 자신이라는 사실을 말이다. 재난을 예언하는 사람들의 말에 귀 기울이는 것은 세상에서 가장 쓸데없는 짓이라는 것도 잘 안다.

나는 지체 없이 나폴레온 힐의 조언을 따랐다. 1주일도 채 안 돼, 나는 새로운 프로젝트를 2건 의뢰받았다. 그리고 곧이어 《E^2》의 출판 계약도 맺었다. 친구들은 어려운 시기에는 근검절약하는 게 최고라고 조언했지만, 나는 그렇게 하지 않고 그해 여름을 외국에서 보내기로 결심했다. 믿음을 새로 회복한 것에 보답하기 위해 외국에서 자원봉사를 하기로 마음먹은 것이다. 그 결정은 "나는 풍요롭다. 그러니 자원봉사를 하며, 외국 여행을 할 여유가 있다"는 생각에서 나온 것이었는데, 그 결정이 보다 유익한 삶의 출발을 알리는 신호가 되었다.

물론 나는 이후 부정적 감정이 보내는 정중한 초대장을 받을 때마다 그것을 갈기갈기 찢어버렸다. 이제 내게 더는 번거롭게 그런 초대장을 보내지 말았으면 한다. 그런 부정적인 초대장에 보낼 회답은 단 하나뿐이다.

"즐거운 시간 보내요. 하지만 난 가지 않을 테니, 기대 말아요."

실험 방법

"그게 무엇이든 당신 마음속에서 볼 수 있다면, 그것을 손에 쥐게 될 것이다."
밥 프록터Bob Proctor, 《위대한 발견You were Born Rich》의 저자

돈은 워낙 이런저런 두려움과 고리타분한 낡은 패러다임들과 얽혀 있기 때문에, 나는 이 실험에서 2가지 하위 가설(앞서 말했든 이 세상은 믿기지 않을 만큼 풍요롭다)을 제시하고자 한다. 그 하위 가설들은 주요 가설

인 '내가 돈에 대한 믿음을 바꾼다면, 내 재정 상태 역시 바뀔 것이다'를 입증해줄 것이다. 앞으로 3일간 다음의 실험 2가지를 해보라.

실험1: 종자돈(또는 원은 끊기지 않고 이어진다)

"굳이 금전적인 풍요로움을 만들어낼 필요 없다. 당신은 이미 풍요로우니까."
– 밥 샤인펠트Bob Sheinfeld, 《머니 게임에서 탈출하기Busting Loose from the Money Game》의 저자

하위 가설1: 돈은 쓰면 다시 들어오게 되어 있다. 이는 '무언가를 주면 넘칠 정도로 많이 되돌아오게 된다'는 변치 않는 원칙과 일맥상통한다. 3일간 이 실험을 하면서 당신은 종자돈을 쓰게 될 것이다. 당신이 새로 알게 된 풍요로움에 대해 간단한 메모를 써서 소액권(원한다면 고액권도 좋다)에 붙여라. 이 일은 대가를 바라지 말고, 재미 삼아 그리고 공개적으로 해야 한다.

나는 그 일을 최근 시카고에서 내 딸 태즈Taz와 함께했다. 당시 나는 그 멋진 시카고 페닌슐라 호텔 방문기를 쓰고 있는 중이었다. 혹시 잘 모르는 사람을 위해 한마디 하자면, 페닌슐라 호텔은 시카고를 방문한 일명 A급 유명 인사들이 묵는 곳으로 유명하다. 그 호텔 스위트룸에서는 유명한 시카고 쇼핑 거리인 매그니피션트 마일이 내다보였다. 우리는 거기에서 쇼핑을 했고, 뮤지컬 〈모르몬교의 책The Book of Mormon〉을 보았으며, 라이브 코미디 쇼 〈세컨드 시티Second City〉도 보았다. 그러면서 내가 당신에게 권하고 있는 이 실험, 즉 종자돈에 관한 비밀 임무도 수행했다. 우리는 5달러짜리 지폐를 한 다발 구한 다음, 그것들을 버스 정류

장들에도 남기고, 공원 벤치들에 테이프로 붙여놓기도 했다. 매그니피션트 마일에 있는 매장들에서는 돈을 옷 사이에 넣고 핀으로 고정시키기도 했다. 그리고 각 지폐마다 우주는 더없이 풍요로우며, 5달러짜리 지폐는 우주가 당신을 무척이나 사랑한다는 걸 보여주는 조그만 징표에 지나지 않는다는 내용의 메모를 익명으로 남겼다.

물론 5달러가 큰돈이 아니라는 건 잘 안다(그래서 요즘 우리는 100달러짜리 지폐를 남길 계획을 하고 있다). 금액이 문제가 아니라, 우리 스스로 되고 싶은 사람이 되어보자는 취지로 받아들이면 될 것이다. 아무 대가도 바라지 않고 베푸는 법을 알며, 그러면 그 이상 받게 된다는 것을 아는 당당한 사람 말이다. 딸과 나는 당신이 앞으로 하게 될 이 실험, 즉 스스로 되고 싶은 사람이 되는 실험, 원하는 것은 어떻게든 다 얻게 된다는 걸 확인하는 실험을 하고 있었던 것이다.

다음 48시간 동안 어떤 것들이 당신에게 되돌아오는지를 꼼꼼히 기록해보라. 나의 경우, 이 실험을 시작한 지 몇 주일도 안 돼 내 책이 〈뉴욕 타임스〉 베스트셀러 1위에 오르는 걸 경험했다.

실험2: 하늘에서 떨어진 1센트짜리 동전들

"가난 의식은 삶의 풍요로움에 눈을 감게 만든다."
– 글렌다 그린Glenda Green, 화가이자 작가

하위 가설2: 돈은 쉽게 들어온다. 나는 이 실험을 나와 같은 주제의 책을 쓰고 있는 친구이자 동료 작가인 그렉 쿤Greg Kuhn에게서 배웠다. 그는 양자 물리학을 '끌어당김의 법칙'에 적용하는 일련의 책들을 썼다. 나는 특히 그가 고안해낸 일명 '더 큰 그렉으로 자라기$^{\text{Grow a greater Greg}}$' 게임을 좋아한다. 물론 그 게임을 할 때 나는 '더 큰 팸으로 자라기$^{\text{Grow a greater Pam}}$' 게임으로 이름을 바꾼다. 무슨 말인지 대충 감은 잡힐 것이다.

그는 자신의 실험을 내 책에 소개해도 좋다고 허락해주었다. 그의 말에 따르면, 우리는 이 실험을 통해 세상이 풍요롭다는 마음을 갖게 되고, 또 양자의 장과 우리의 금전적 풍요로움 간에 밀접한 연관성이 있다는 걸 깨닫게 된다. 그의 실험은 간단하다. 앞으로 3일 동안 다음과 같은 장소에서 1센트짜리 동전을 발견하게 될 거라고 생각하면 끝이다.

- 땅 위에서
- 당신의 주머니 안에서
- 당신이 차 안에서
- 보도 위에서
- 모든 곳에서

'동전들이 어디에 있을까?' 하는 생각보다는 '실제 동전이 나타난다면 얼마나 짜릿할까?' 하는 생각으로 마술을 펼쳐보라. 정말 동전이 나타난다면, 얼마나 짜릿하겠는가? 1센트짜리 동전은 돈의 세계에서는 그야말로 별것 아니다. 어떤 사람들은 아무짝에도 쓸모없다며 버리기도 한다. 그런 식으로 생각하면, 실제 1센트짜리 동전은 아무짝에도 쓸모없다. 하지만 아무리 쓸모없다 해도 그것이 매일 눈앞에 나타난다면, 그건 정말 예삿일이 아닐 것이다.

이 실험은 다음과 같은 점에서 매력이 있다. 우리는 양자의 장을 속이게 될 것이다. 그러나 걱정하지 마라. 양자의 장은 그런 것에 개의치 않는다. 양자의 장은 설사 당신이 자신을 속이려 한다 해도 신경 쓰지 않는다. 옳고 그른 것을 판정하려 하지 않고, 그냥 반응하기 때문이다.

동전을 발견하게 되면, 마치 복권에 당첨이라도 된 듯 자축하라. 호들갑을 떨어라. 지나치다 싶을 정도로 오버하라. 좀 우스꽝스러운 짓을 하라. 그리고 우주를 향해 혼자 "호산나"를 외쳐라. 그 잘난 조그만 동전 하나에 그 난리를 친다는 것이 좀 비현실적으로 느껴지지 않는가? 어쨌든 동전 하나는 당신이 진정 원하는 풍요로움은 아닌데 말이다. 그렇지 않은가?

하지만 이 게임의 묘미는 바로 이렇게 양자의 장을 속이는 데 있다. 당신이 요란스럽게 자축하는 건 동전 하나를 발견했기 때문이 아니다. 이 원칙이 실제 효과를 발휘한다는 사실을 확인한 것에 대해 자축하는 것이다. 우주는 한없이 풍요로우며 그것을 현실에서 보는 일이 아이들 장난처럼 재미있다는 사실을 확인한 것에 대해 자축하는 것이다. 또한 당신이 자축하는 것은 우주가 동전 한 닢을 들고 당신에게 다가와 다음과 같이 말하며 당신 관심을 끄는 걸 보게 됐기 때문이다.

"애야, 가장 특별하고 멋진 내 아이야! 나는 늘 네 편이고, 네가 진정 원하는 건 무엇이든 만들어줄 수 있고, 또 실제로 그럴 거야. 그리고 나에게는 네가 진정 원하는 걸 만드는 것이 이 동전 만드는 것만큼이나 쉬운 일이야. 정말 놀랍지?"

당신이 금액의 많고 적음 때문에 자축하는지, 풍요로움에 대한 진실을 알게 되어 자축하는지를 양자의 장이 구분하지 못한다는 데 이 게임의 또 다른 묘미가 있다. 양자의 장은 그저 "와, 이거 정말 놀라운데!" 할 때 나오는 당신의 에너지에만 관심이 있으며, 그 에너지를 보고 당신에게 더 많은 것을 줄 준비를 한다. 양자의 장은 당신이 자축하는 것보다 더 많은 것을 주고 싶어 한다.

이런 이유 때문에, 내가 권한 것처럼 동전이 나타나 풍요로움에 대한 진실을 알게 될 때면 최대한 요란하게 자축하는 것이 좋다. 그러니 동전이 나타날 때마다 독립기념일에 사람들이 화려한 불꽃놀이로 자축하듯 그렇게 요란하게 자축을 하라.

실험 보고서

실험: 늘 부족한 돈의 문제

이론: 돈은 그저 에너지이며, 당신 믿음들의 반영에 지나지 않는다.

의문: 혹 내가 아무런 도움도 안 되는 이런저런 낡은 생각들에 매달려 세상의 풍요로움을 스스로 차단하고 있지는 않은가?

가설: 내가 돈에 대한 믿음들을 바꾼다면, 세상의 온갖 풍요로움이 내게 밀려 들어올 것이다.

하위 가설1: 돈을 쓰면 그보다 더 많은 돈이 들어온다.

하위 가설2: 돈은 쉽게 들어온다.

주어진 시간: 72시간

첫 번째 실험 날짜: _____   시각: _____

마감 일자: _____

결과: _____

두 번째 실험 날짜: _____   시각: _____

마감 일자: _____

결과: _____

접근 방식: 나는 앞으로 아주 멋들어진 연기를 펼칠 것이다. 그리고 우주가 어떻게 반응하나 유심히 관찰할 것이다. 또한 내가 아무리 많이 주어도 우주만큼 많이 주지는 못한다는 걸 확신하면서, 처음 72시간 동안 내가 갖고 싶은 것을 줄 것이다. 그리고 다시 72시간 동안 동전을 찾으면서 양자의 장과 내가 제대로 정렬되게 할 것이다.

연구 노트: _____

_____

_____

_____

"내가 돈에 대해 갖고 있는 느낌을 조금만 수정하면 된다는 사실을 깨달았다."
― 펠리시아 스파Felicia Sparhr, 《성공을 위한 판매Selling for Success》의 저자

나의 블로그 이야기

선물 경제야말로
참다운 경제다

당신은 아마 현재 인터넷상에서 가장 중요한 화두 중 하나가 '내 웹사이트를 어떻게 현금화할 것인가? 내 블로그는? 또 트위터는?'이라는 것을 잘 알 것이다. 심지어 유튜브에서는 조회 수가 높은 동영상을 올린 사람들에게 현금을 지급하고 있다.

나는 그간 '체제 전복적인 인물 중 하나'라는 비난을 받아왔으니, 그 정반대 되는 얘기를 해도 무방할 것이다. 당신은 당신의 삶을 어떻게 비현금화하고 있는가? 당신은 늘 무언가를 갖고 있고, 또 가지려 드는 우리 문화의 패러다임에 맞서 어떻게 일명 '선물 경제'라는 것을 실천하고 있는가? 선물 경제란 돈과 관련된 경제적 관행이라기보다는 오히려 철학에 가까운 개념으로, 주로 부족함과 두려움을 믿지 않으려 하는 사람들에 의해 실천되고 있다. 선물 경제를 실천하는 사람들은 늘 더 많은 것을 가지려 애쓰기보다는 오히려 자신이 가진 것을 주는 방법을 찾으려 애쓴다. 워낙 급진적인 개념이어서, 아마 대부분의 사람들은 제대로 이해도 되지 않을 것이다.

언젠가 나는 평소 자주 상대하는 〈피플〉 편집자에게 선물 경제에 대한 이야기를 한 적이 있다. 그녀는 영웅적인 인물이나 기쁜 소식, 마음 훈훈하게 만드는 인간미 넘치는 이야기를 아주 좋아한다. 그런 그녀조차도 내가 선물 경제만 실천하며 사는 세 사람의 예를 들었을 때 이를 전혀 이해하지 못했다. 그녀는 계속 이런 말만 했다.

"그게 어떻게 가능하죠?"

이 영적인 믿음에 대해 그녀에게 제대로 설명해줄 길은 없었지만, 선물 경제를 실천한다는 건 분명 가능한 일이다. 이 세상이 서로 잡아먹고 잡아먹히는 곳이며 각자 제 일은 제가 알아서 해야 한다는 믿음과 끊임없는 불안감만 버린다면, 풍요로움이 저절로 그 모습을 드러낼 것이기 때문이다. 사실 그것이 우리 인간에게 주어진 원래의 현실이지만, 우리가 모든 걸 현금화하려 하고 두려움의 벽들을 세우는 한 우리는 절대 그 풍요로움을 누릴 수 없다.

선물 경제를 실천하는 대표적인 인물을 꼽으라면, 아마 니푼 메타$^{Nipun\ Mehta}$를 들 수 있을 것이다. 나는 〈피플〉 편집자에게 사정사정해 그의 이야기를 〈피플〉에 소개한 적도 있다. 1999년 4월 당시 스물다섯 살이던 그는 남들이 다 부러워하는 직장인 선마이크로시스템스$^{Sun\ Microsystems}$를 그만두고 전업 자원 봉사자가 되었다. "스스로 이 세상에서 보고 싶은 변화가 되라"라고 했던 간디를 신봉한 그는 한 가지 실험을 시작했다. 처음에는 자신의 돈을 내놨고(자선 단체에 기부했다), 그다음에는 자신의 시간을 내놨으며(호스피스 자원봉사를 했다), 그다음에는 그야말로 아무 대가나 조건 없이 자신의 모든 시간과 모든 것을 내놨다. 그렇게 13년이 지난 뒤 그의 실험은 엄청난 성공을 거두었다. 그는 무료 식당과 무료 잡지(영적 주제를 다루는)를 출간하기 시작했고, 무료 하이테크 서비스들에 수천만 달러를 기부하게 됐다. 스탠퍼드대학교에서 수학한 엔지니어인 그는 닷컴 전성기를 맞아 큰돈을 벌었지만, 행복이 큰돈을 버는 데 있다는 확신을 가질 수 없었다. 그는 현재 10만 명 이상의 자원 봉사자들로 구성된 네트워크에서 일하고 있는데, 그 네트워크는 다음과 같은 3가지 원칙을 가지고 운영된다.

- **모든 것은 철저하게 자원 봉사다.** 돈은 절대 오가지 않는다.
- **누구도 돈을 요청해서는 안 된다.** 많은 자선 단체들이 좋은 일을 하지만, 사람들에게 꼭 기부를 요청한다. 그리고 끊임없이 모금 활동을 한다. 그로 인해 사람들은 무언가 부족한 상황에 처하게 된다. 니푼 메타는 자신이 세상의 풍요로움과 인류의 선함을 믿기 때문에 부족한 걸 느끼지 못한다고 말한다. 그간 돈은 엄청나게 들어왔고(소니의 창업자도 기부를 했다), 1만 달러 이상을 현금으로 보내오는 익명의 기부자들도 많았다. 그러나 니푼 메타와 그의 동료들은 절대 돈을 요구하지도, 기대하지도 않는다.
- **조그만 행동들을 중시한다.** 니푼 메타는 "그저 손으로 만질 수 있는 것들을 보살피고, 바로 앞에 있는 이에게 무엇이든 주는 거죠. 얘기하자면, 끝도 없어요"라고 말한다. 그 파급 효과 덕에 그가 말하는 이른바 '마법'이 가능해지고 있다.

니푼 메타와 그의 동료 자원 봉사자들은 캘리포니아 주 버클리에 무료 식당 카르마 키친Karma Kitchen을 열었다. 그 식당 메뉴판에는 음식 가격이 그냥 0달러라고 적혀 있다. 이 식당은 워낙 많은 사람들이 찾아와, 나중에 워싱턴 D.C.와 시카고에도 분점을 냈다. 니푼 메타는 말한다.

"우리는 아무것도 요구하지 않고, 광고도 전혀 안 합니다. 우리 사업은 자신이 내놓을 수 있는 것을 기부하는 이름 없는 친구들에 의해 유지됩니다. 그러니까 무언가를 받고 그 대가를 치르는 것이 아니라, 알지도 못하는 누군가를 위해 그냥 선행을 베푸는 거죠."

그와 그의 동료 자원 봉사자들은 지금 금융 자본 대신 사회 자본, 시너지 자본 그리고 무어라 설명할 수 없는 미묘한 자본을 쌓아가고 있는 중이다.

이든 휴스Ethan Hughes는 내가 아는 또 다른 영웅으로, 그는 살아 숨 쉬는 700명의 슈퍼 영웅들로 이루어진 '슈퍼 영웅 동맹Superheroes Alliance'을 시작했다. 지금 그와 그의 아내 사라Sarah는 자신들의 농장에서 재배한 모든 것을 '가능성 동맹Possibility Alliance'에서 무료로 나눠준다. 그들이 나눠주는 것은 염소와 과일 관목, 씨앗, 흙, 퇴비 등이다. 그들은 또 그간 미주리 주의 모든 주요 도시에 나무를 기증해왔다. 가장 중요한 것은 그들이 매년 미국 전역에서 1,500명 이상을 자신들의 농장에 초대해 친환경적인 영속 농업법을 가르쳐주고 있다는 것이다. 영속 농업을 처음 배우려면 보통 1,500달러 정도가 드는데, 이든과 사라는 전혀 돈을 받지 않는다. 이든은 이렇게 말한다.

"처음에는 사람들이 다 놀라죠. 일반적인 미국인치고, 아무 꿍꿍이 없이 무언가를 무료로 나눠준다는 사람을 믿을 사람은 거의 없거든요. 누군가가 '이봐요. 난 그저 도움을 주고 싶을 뿐이에요'라고 말해도 그걸 곧이곧대로 믿어주지 않는 사회에 살고 있는 거죠."

휴스 부부와 그들의 동료 자원 봉사자들은 그간 도서관을 짓는 데 도움을 주고, 동료 농부를 위해 건초를 나르는 일을 하고, 시내 공원들을 청소하는 등 약 5만 시간의 지역 사회 봉사를 했다. 물론 모두가 아무 대가 없이 한 일들이다. 이든은 "저의 경우 무언가에 접속하는 게 아주 중요한데, 선물 경제가 바로 그런 접속을 가능하게 해주었어요. 베푸는 일을 공유함으로써 주는 사람이나 받는 사람 모두 변화될 수 있는 거죠"라고 말한다. 내가 "현금은 잊어라"라고 말하는 이유가 바로 이것이다. 현금보다는 자신이 줄 수 있는 선물처럼 무언가 중요한 것을 생각하라.

실험6.
사실과 진실의 문제

1.0 세계관: 우리가 할 일은 우리 자신을 지배하고, 통제하고, 자연으로부터 보호하는 것이다.
2.0 세계관: 무한한 가능성의 장은 1년 내내 신성한 활력을 제공한다.

전제

"지구는 귀 기울이는 사람들에게 들려줄 음악을 갖고 있다."
— 조지 산타야나George Santayana, 철학자이자 시인

빨리 답해보라. 지금 달은 어떤 상태인가? 바로 이 순간 말이다. 차오르고 있는가 아니면 기울어가고 있는가? 만월 상태인가 아니면 초승달 상태인가?

당신은 아마 전혀 모를 것이다. 그러나 장담하건대, 오늘 의회가 어떤 식으로 파행을 거듭했는지, 어떤 테러를 두려워해야 하는지 하는 뉴스들에 대해서는 잘 알 것이다. 어쩌면 (스스로 훌륭한 일을 하고 있다고 생각하면서) 자신의 페이스북에 상한 개 사료에 대해 혹은 최근 레스토랑 샐러드바에서 발견된 새로운 박테리아에 대해 경고하는 글을 올렸을 수도 있다.

내가 3일간의 이번 실험에서 입증하려는 것은 당신이 꼭 알아야 할 중요한 일들은 모두 당신의 집 창문 밖에서, 당신의 동네 안에서 그리고 당신의 마음속에서 일어나고 있다는 사실이다. 당신이 뉴스를 통해 알게 되는 것들은 사실 당신의 삶과 아무런 직접적인 관계도 없다. 오히려 당신과 가능성의 장 사이를 가로막는 장애물만 될 뿐이다.

물론 나는 뉴스에 대한 이런 접근 방식이 큰 일탈로 보인다는 사실을 잘 안다. 선생님이 지역 신문에 난 뉴스들을 스크랩해오라는 숙제를 내주었던 초등학교 시절부터, 우리는 뉴스란 절대 진리이며, 행복에 꼭 필요한 것이고, 아주 열심히 좇아야 할 것이라고 배워왔으니 말이다. 어쨌든 누군가가 파티 같은 데서 현재 세상 돌아가는 이야기를 막힘없이 늘어놓는다거나, 또 취업 면접 자리에서 가장 최근에 있었던 주요 뉴스들에 대해 꿰차고 있으면, 좋은 점수를 받지 않던가.

이 실험에서 우리는 뉴스가 언론사라는 한 조직의 의견에 지나지 않으며, 우리의 행복과 별 관계도 없다는 사실을 입증할 것이다. 또한 뉴스 진행자들이 떠들어대는 오늘의 뉴스를 잘 몰라도 아무 지장 없다는 사실 역시 입증할 것이다. 내가 존경하고 본받으려 애쓰는 사람들은, 정말 중요한 것은 지구 상의 모든 나무와 새들과 하늘의 별들이 내보내는 힘찬 삶의 고동 그리고 절대 파괴되지 않을 온전한 기쁨뿐이라는 사실을 알고 있다. 그들은 진정한 삶(언론매체들이 지나치게 강조하는 물질적인 삶에 반대되는 삶)은 우주 방송, 즉 신성한 삶의 활력과 주파수를 맞출 때 만들어진다는 것을 잘 알고 있는 것이다.

이 실험에서는 현실을 좌지우지하는 매스미디어들이 모든 것을 왜곡시키고 있다는 점을 입증할 것이며, 또한 우리가 할 수 있는 가장 중요한 일이 자연의 바이오리듬과 지혜에 관심을 기울이는 거라는 점도 입증할 것이다. 우리의 리듬을 자연의 바이오리듬과 맞추게 되면, 우리는 전혀 새로운 의식의 광맥에 다가가게 될 것이다. 늘 신성한 활력으로 넘쳐나는 지각 있는 우주와 연결되는 것이다. 도무지 이해할 수 없는 엄청난 이야기로 들리겠지만, 이는 세상에서 가장 자연스러운 일이다. 그렇게 우주(우주는 우리 집 창문 바로 밖에 있어, 굳이 멀리 갈 필요도 없다)와 신성한 교감을 하면서, 우리는 드디어 마법의 세계에 과감히 뛰어들 수 있게 된다.

힘차게 고동치는 지금

"진리는 분명 저 밖에 있지만, 사람들이 그 진리에 꼭 관심을 보이는 것은 아니다."
– 에반 윌리엄스Evan Williams, 트위터의 공동 설립자

이 실험은 매일 포탄처럼 쏟아지는 뉴스라는 이름의 충격적인 소식들을 차단해버릴 경우, 언제든 참된 진리를 얻을 수 있다는 사실을 보여줄 것이다. 우리는 가짜 뉴스, 지어낸 뉴스, 인터넷에 떠도는 그 모든 허튼소리를 들여다보느라고 바로 지금 우리 곁에서 일어나고 있는 정말 소중한 뉴스를 놓치고 있다. 제니퍼 애니스톤Jennifer Aniston이 출연한 최

근 영화가 어찌 됐건, 버락 오바마가 무슨 말을 했건, 그런 것은 사실 우리의 삶과 직접적인 관계도 없다.

우리는 지금 별과, 식물과, 점점 차오르는 은빛 달을 무시하고 있다. 특히 달의 사이클은 조류의 흐름에서부터 한쪽 발이 큰 농게는 물론 우리의 수면 습관에 이르는 모든 것에 영향을 주는데, 그런 것들을 무시하는 바람에 우리는 우리 자신을 위해 활용할 수 있고 또 활용해야 하는 우주 에너지의 힘을 보지 못하고 있다. 이렇게 스스로 자연계로부터 단절됨으로써 우리 몸마저 피폐해지고 있는 상황이다. 정작 큰 영향을 주는 것들은 무시하고, 거의 또는 전혀 영향을 주지 못하는 것들을 맹종함에 따라 각종 스트레스와 우울증, 불안감에 시달리고 있는 것이다.

즐거운 삶을 위해 보다 많은 에너지를 만들어내고, 그 결과 더 강력한 주파수를 만들어내고 싶다면, 우리는 정말 중요한 것들에 관심을 돌려야 한다. 중요하지 않은 것들은 모두 손에서 놓아야 한다.

미디어를 믿지 마라

"미디어. 그 이야기를 들은 적이 있는 것 같다. 자기 아이들을 죽인 엄마 아니었나?"
— 닐 게이먼 Niel Gaiman, 작가

나는 그런 말을 해도 괜찮을 것이다. 나 팸 그라우트는 세계에서 가장 큰 테러 집단의 일원이니까. 〈피플〉과 〈허핑턴포스트 Huffington Post〉, CNN

등에 기사를 올리고 있는 프리랜서 기자로서, 나는 온갖 소문과 과장된 이야기와 거짓을 퍼뜨린 것에 대해 스스로 내 죄를 인정한다. 한마디로 그간 나는 테러를 조장해왔다.

캔자스주립대학교에서 저널리즘 교육을 받을 때 배운 가장 중요한 원칙들 중 하나는 '피를 흘리는 기사라야 주목받는다'였다. 우리가 '전지전능한' 뉴스 미디어를 통해 이런저런 견해를 갖게 되지 않는다면, 별 문제가 없을 것이다. 그러나 사실 우리는 뉴스에 대서특필되는 말도 안 되는 이야기들을 다 받아들인다. 그 이야기들을 곧이곧대로 다 믿는 것이다.

어제 〈허핑턴포스트〉에서 가장 주목받은 기사들 중 하나는 식당 레몬 조각에서 발견된 병원성 미생물들의 위험에 관한 것이었다. 그 미생물들은 어디서나 흔히 발견되는 것인데(연구 팀은 그 미생물들을 케첩병과 소금 및 후추병, 메뉴판, 식탁에서도 발견했다), 그 기사의 제목은 '앞으로는 마시는 물에 절대 레몬 조각을 넣지 말아야'였다. 많은 독자들이 겁에 질려 클릭해보지 않을 수 없는 선정적인 제목을 붙인 것이다. 그런 제목을 보고 어찌 기사를 읽어보지 않을 수 있겠는가? 뉴스라는 게 다 이런 식이다. 눈길 끄는 제목을 달거나 기삿거리가 될 만한 사건을 다뤄야 사람들이 관심을 갖고 클릭을 하게 되고, 그렇게 조회 수가 많아져야 더 많은 광고가 붙는 것이다.

다시 말하지만, 우리의 생각과 그 결과로 생겨나는 믿음 및 의식이 강력하지 않다면, 이런 말도 안 되는 뉴스들을 믿는 것도 별 문제가 되지 않는다. 그러나 우리의 생각과 의식은 억센 근육질의 남자와도 같아서, 가능성의 장 안으로 성큼성큼 걸어 들어가 우리가 집어넣는 각종 장애와 질병과 날씨와 환경들을 도로 들고 나온다. 게다가 우리는 '전지전능한' 뉴스 미디어를 통해 워낙 많은 의견을 갖게 되기 때문에, 아직 면도칼로 손목을 긋지 않았다는 사실만으로 감사하며 서로 축하의 의미로 하이파이브를 하거나 주먹을 맞대야 할 정도다.

그러나 내가 알고 있는 바로는 이렇다. 우리가 뉴스를 통해 보는 것은 참된 현실과 너무도 거리가 멀고, 티끌같이 작은 현실의 한 조각에 지나지 않는다. 그것은 또 차원과 규모 면에서 한계가 뚜렷한 지식이어서, 그런 것에 깊은 관심을 두는 것은 마치 자신도 모르게 등에 '나를 발로 차 주세요'라는 말을 붙이고 다니는 것이나 다름없다. 거기에 우리가 우리 부모들로부터 배운 교훈들('돈은 나무에 저절로 열리는 게 아니다.' '뼈 빠지게 열심히 일해야 한다' '바지도 입지 않은 채 집 밖으로 나가선 안 된다' 등등)과, 그 결과 갖게 된 부정적인 생각들까지 합쳐지면, 우리는 그야말로 깊은 무력감에 빠질 수밖에 없다.

미디어에서는 늘 피와 앰뷸런스와 울부짖는 가족들을 보여준다. 그러나 내가 〈피플〉 기자 신분으로 토네이도 발생 지역이나 유괴 사건 현장, 홍수에 휩쓸려간 지역 등을 찾아 취재를 해본 입장에서 말하건대, 현실을 그와 완전히 다르다. 그런 곳에도 늘 놀라운 베풂과 아름다운 인간 정신이 분명히 존재했다.

우주는 살아 있다

"우리는 식물들에게도 지능이 있고, 그래서 그들이 더 잘 번성한다는 것을 믿지 못한다. 이는 순전히 우리 인간의 오만 때문이며, 또 식물들의 삶이 워낙 느리게 진행되기 때문이다."
– 마이클 폴란Michael Pollan, 작가

이 실험에서 우리는 뉴스 방송에서 채널을 돌려, 늘 사랑을 보여주는 신성한 자연의 방송에 채널을 맞출 것이다. 자연의 신성한 활력은 땅을 뚫고 나오는 꽃들에게서도 느낄 수 있다. 새들의 짤막한 노래에서도 느낄 수 있고, 우리 뺨을 어루만지는 선선한 미풍에서도 느낄 수 있다.

앞으로 3일간 당신은 우주의 무궁한 지식의 바다 속에 낚싯줄을 던질 것이다. 자연과 교감을 나누고, 서로 친밀해질 것이다. 지구와 지구가 만들어낸 모든 생명체들에 귀 기울일 것이다. 우리의 끝없는 괴롭힘에도 불구하고, 지구와 그 생명체들은 여전히 균형감과 신성한 평온함을 잘 이해하고 있다. 시간을 내어 자연에 귀 기울여본 사람들은, 자연이 우리에게 많은 정보를 준다고 말한다. 물론 그러려면 선입견과 생활 신조와 편견을 버리고, 열심히 귀 기울여야만 한다.

샤스타 데이지와 씨 잘 빠지는 복숭아와 러셋 감자 등 800가지 이상의 새로운 식물 종을 만들어낸 유명한 식물학자 루터 버뱅크Luther Burbank는 우주와 조화를 이루는 것이야말로 유일하게 가치 있는 '뉴스'의 원천이라고 믿었다. 그는 찬란하게 빛나는 자연에 채널을 맞춘 덕에 수백 종의 새로운 식물들을 교배해낼 수 있었으며, 그것들을 '과일과 꽃의 새로운 창조New Creations in Fruits and Flowers'라는 카탈로그에 실어 많은 사람들에게 알리기도 했다. 그는 또한 우리 모두가 전기나 자석처럼 강력한 우주의 힘으로부터 많은 메시지를 받을 수 있다고 믿었다.

최근 마이클 폴란은 〈더 뉴요커The New Yorker〉에 새로운 유형의 식물학자들에 대한 글을 올렸다. 이 글에서 그는 그들이 우주 안에서는 우리가 생각했던 것보다 훨씬 더 많은 것들이 움직이고 있으며, 눈에 보이지 않는 것들이 눈에 보이는 것들보다 더 중요하다는 사실을 입증하려 하고 있다고 말했다.

만물과 대화가 가능하다

"우리는 절대 이 무대 위에 서는 유일한 배우가 되어선 안 되었다."
– 대니얼 퀸Daniel Quinn, 《고릴라 이스마엘Ishmael》의 저자

그렇다. 이 실험에서 우리는 다른 종과의 대화를 시도해보는 즐거운 시간을 가질 것이다. 우리는 나무와 대화할 것이다. 혹은 그간 늘 대화 상대가 될 수 없다고 믿어온 어떤 식물과 대화할 것이다. 웃지 마라.

의학계를 떠나 각종 책도 쓰고 영화 〈주라기 공원Jurassic Park〉 시나리오는 물론 TV 드라마 〈이알ER〉도 만든 하버드대학교 출신의 의학 박사 마이클 크라이튼Michael Crichton이 캘리포니아 사막에서 2주일을 보내며 선인장 한 그루와 대화를 시도한 적이 있다. 자신의 회고록 《여행들Travels》에서 그는 역시 의학 박사인 조이 브루Joy Brugh와 함께 참여한 어느 워크숍

이야기를 썼는데, 전화기와 약도 없이 지내야 하는 그 워크숍에서 자신이 명상하는 법, 에너지를 보고 움직이는 법, 무엇보다 선인장과 대화하는 법을 배웠다고 밝힌다.

책 속에서 스스로 설명했듯 그는 의심 많은 사람이었다. 때문에 자신이 직접 가시 많은 한 선인장과 이야기를 나눴다는 걸 인정하고 싶지 않았다. 마지막 날 선인장이 "그간 같이 있어 정말 좋았어요"라는 말을 건넸을 때 그는 그만 울음을 터뜨리고 말았으나, 이마저도 인정하고 싶지 않았다. 심지어 집에 돌아온 뒤에도 그는 당시 자신의 정신이 온전한 상태였는지 의심했고, 눈에 띌 만한 개인적 소득이 있었는지에 대해서도 의문을 품었다.

"에너지 움직임은 분명 있었다. 명상도 효과가 있었고. 하지만 그것들을 일상생활에 적용하지 못한다면, 무슨 소용이겠는가?"

그는 이렇게 반문했다. 얼마 뒤 자신을 되돌아보고서야 그는 깨달았다. 사막에서 돌아온 지 8개월도 채 안 돼 인간관계부터 시작해 주거지, 일, 식습관, 관심사, 목표까지 그의 모든 것이 바뀐 것이다. 이후 그는 이렇게 말했다.

"그야말로 바뀔 수 있는 건 죄다 바뀌었다. 그 변화가 워낙 광범위해, 한동안은 내게 무슨 일이 일어나고 있는지도 모를 정도였다."

그리고 또 다른 변화가 하나 더 있었다.

"선인장을 아주 좋아하게 됐고, 그래서 지금은 어디에 살든 늘 곁에 선인장들이 있다."

경험이 뒷받침된 증거

"당신이 늘 원해왔거나 다른 데서 찾아왔던 것들은 이미 모두 당신 안에 있다."
– 사라 어반트 스토버Sara Avant Stover, 《행복한 여성의 길The Way of the Happy Woman》의 저자

조지 워싱턴 카버George Washington Carver는 하찮은 콩과 식물인 레귐의 활용법을 수백 가지나 만들어냈고, 목화 산업에 엄청난 피해를 입힌 해충인 목화 바구미를 박멸시켜 미국 남부의 경제를 살려내기도 한 미국 역사상 가장 위대한 과학자이자 발명가로, 우주의 '신성한 방송'에 대해 무척이나 잘 알고 있었다. 그는 영국 왕립예술협회에 가입된 최초의 미국인 중 한 사람이었을 뿐 아니라, 3명의 미국 대통령과 친구 사이이기도 했다.

그는 석·박사 학위를 여럿 갖고 있었고 여러 대학 교단에 선 석학이었지만, 자신의 모든 과학적 발견과 자신을 유명하게 만들어준 총명함은 오로지 신(또는 내가 말하는 무한한 가능성의 장)과의 교감 덕이라고 말한 최초의 인물이었다. 그는 매일 아침 아주 이른 시각에 제법 긴 거리를 산책했고, 그러면서 자연과 교감을 나눴다. 그가 땅콩과 콩, 고구마를 이용해 100가지 이상의 상품을 만들어낼 수 있었던 것은 바로 이 같은 자연과의 교감 덕이었다. 그러니까 땅콩과 콩, 고구마들이 그에게 모든 방법을 알려줬다는 것이다. 조지 워싱턴 카버는 이렇게 말했다.

"나는 자연이 무한한 방송국이라고 생각한다. 채널만 제대로 맞춘다면, 신이 그 방송국을 통해 시시각각 우리에게 전달하는 메시지를 들을 수 있다. (…) 자연에 대한 책을 읽는 것도 좋지만, 직접 숲속을 거닐며

유심히 숲의 소리에 귀 기울인다면 책에서보다 더 많은 것을 배울 수 있을 것이다."

카버는 자신은 방법을 찾으려 애쓴 적이 전혀 없다고 말했다. 무엇이든 알고 싶은 게 있으면, 그것이 저절로 그의 앞에 나타났다는 것이다. 그는 이렇게 말했다.

"신이 장막을 걷어주지 않으면, 나는 아무것도 할 수 없다."

마찬가지로 인류 역사상 가장 뛰어난 천재로 손꼽히는 알베르트 아인슈타인 역시 이 에너지와 연결되어 있었다.

자연(우주 또는 신 또는 가능성의 장이라 불러도 좋다)은 우리가 힘겹게 여기는 모든 '문제'와 '피폐해진 금전 상황'에 대한 답을 준다. 일단 우리가 '스스로 알고 있다고 생각하는 모든 것'을 손에서 놓고 우리의 목표를 무제한적이며 모든 걸 알고 모든 걸 사랑하는 자연의 힘과 연결시키기만 한다면, 새로운 발견과 광명이 사방에서 몰려올 것이다.

식물에게 속삭이는 사람이 되라

"그 무엇에게든 충분한 사랑을 주면, 그것은 당신에게 마음의 문을 열 것이다."
– 조지 워싱턴 카버, 과학자

나는 이제 당신에게 대부분의 사람들이 '미친 짓'이라고 할 만한 일을 권하려 한다. 동물들과 의사소통을 하는 영화 속 주인공 두리틀 박사(Dr. Doolittle)가 아닌 한, 대부분의 서구 문명인들은 흰 담비와 대화를 하려 애쓰진 않을 것이다. 그러나 오감으로 느끼는 현실에 밀려 제 대우를 못 받고 있는 세계, 다시 말해 동물계와 식물계는 할 말이 많다.

호주 원주민들 대부분은 자연과 메시지를 주고받고 교감하고 대화하는 것을 별일 아니라고 생각한다. 그들은 그것이 특별한 재능도 아니며, 사람들끼리 음성 언어로 대화하는 것만큼이나 자연스럽고 평범한 일상생활의 일부라고 생각한다. 우리가 날 때부터 귀가 들리지 않는 사람을 장애인으로 여기듯 그들은 '우주의 웅얼거림'을 알아듣지 못하는 사람을 장애인처럼 여긴다.

심리학자 로버트 울프Robert Wolff는 수십 년간 말레이시아 중부 산악 지대에서 원주민인 세노이족과 함께 생활했는데, 그는 자신의 원주민 친구 아흐미드가 전화나 시계나 달력도 없이 어떻게 자신이 서구에서 돌아오는 날을 정확히 알고 산 입구에서 기다렸다가 가방들을 들어주는지가 늘 신기했다. 현대 산업 사회에 살고 있는 우리들과 달리 세노이족은 주변 사물들의 에너지와 감정에 신기할 정도로 예민했고, 그래서 울프의 말마따나 매사에 초인적인 예지력을 보였다.

세노이족이 전혀 두려움과 걱정이 없다는 것에 흥미를 느낀 로버트 울프는 아흐미드에게 배움을 청했고, 결국 따지기 좋아하는 시끄러운 마음을 조용히 가라앉히는 법을 배웠다. 또한 자신이 '모든 삶의 합일'이라 부르는 상태도 경험하게 됐다. 우리가 책과 강연과 세미나를 통해 되찾으려 애쓰는 우주와의 깊은 연결감을 세노이족은 평소에도 늘 유지하고 있었다. 자신의 저서 《오래된 진리Original Wisdom》에서 그는 결국 불

도저들이 세노이족과 그들의 열대우림을 다 밀어버렸지만, 우주와 그들의 굳건한 연결 그리고 오래된 진리는 얼마든지 되찾을 수 있다고 말한다.

안나 브레이텐바흐Anna Breytenbach는 한때 실리콘밸리의 IT 전문가였으나 지금은 동물 마음을 읽는 '애니멀 커뮤니케이터'로 수의사 및 환경보호 관계자들과 함께 일하고 있다. 그녀는 우리 뇌에 애초부터 인간 또는 동물과 마음을 주고받을 수 있는 능력이 내재되어 있다고 말한다. 우리 생각과 감정에 의해 만들어지는 전자기 자극이 제대로 교감되기만 하면 가능하다는 것이다.

우주와 하나가 되면, 갈등도 사라진다

"정반대 방향으로 가려면, 약간의 천재성과 많은 용기가 필요하다."
– 알베르트 아이슈타인, 물리학자

2005년 12월 14일 〈샌프란시스코 크로니클San Francisco Chronicle〉에는 게 잡이용 그물에 걸렸다 풀려난 뒤 자신을 풀어주느라 몇 시간 동안 애쓴 잠수부들에게 되돌아와 감사의 뜻을 표한 암컷 혹등고래의 이야기가 실렸다. 그 고래는 원을 그리며 헤엄치면서 기쁨을 나타낸 뒤, 잠수부 한 사람, 한 사람에게 다가가 눈을 마주보고 코를 부비면서 애정 표현을 했다. 한 잠수부는 그 놀라운 경험이 "자신을 완전히 변화시켰다"라고 말하기도 했다.

한 무리의 아프리카 코끼리들이 과거에 자신들을 훈련시켰던 조련사가 죽자 그를 찾아와 애도를 표했다는 이야기도 있는데, 나는 그 이야기도 참 좋아한다. 그 조련사는 이미 퇴직했고 여러 해 동안 그 코끼리들과 함께하지도 않았는데, 그가 죽었다는 걸 어찌 알았는지 코끼리들이 줄지어 찾아와 그의 집 주변을 몇 킬로미터나 빙빙 돌며 경의를 표했다는 것이다.

실험 방법

"내가 알고 있는 것들은 다 신문에서 읽은 것인데, 이는 내가 무지하다는 증거다."
– 윌 로저스 Will Rogers, 유머 작가

앞으로 3일간은 평소처럼 TV 뉴스를 보거나 신문을 읽거나 페이스북 검색을 하지 말고, 주변을 산책하라고 권하고 싶다. 가능하다면 전화 오는 것에도 신경을 끊어라. 전화는 당신과 만물의 어머니인 자연 사이에 낀 방해꾼일 뿐이다. 모든 것을 유심히 관찰하라. 마음의 문을 열고, 주변 꽃나무와 동물들이 당신에게 말해주려는 것들을 받아들여라. 나아가 모든 종류의 귀한 정보가 담긴 그들의 끝없는 진동에 귀 기울여라. 이 실험을 하는 동안에는 다른 뉴스가 전혀 중요하지 않다.

시간을 내 당신 주변 사람들을 돌아보라. 건성으로 보지 말고, 온 마음을 쏟아보라. 마치 생전 처음 만난 사람들을 보듯이.

온 마음으로 일출을 보라. 일몰을 보라. 그리고 그 사이의 모든 소중한 순간들을 보라. 새들의 지저귐에 귀 기울여라. 마음을 열고, 당신의 반려 동물들이 보내는 메시지를 받아들여라.

달에도 관심을 기울여주었으면 한다. 그래서 만일 다음 실험을 시작할 때 내가 달과 관련해 던진 질문, 즉 "현재 달이 차고 있는가, 기울고 있는가?" 하는 질문을 누군가 해온다면, 이번에는 당장 자신 있게 대답할 수 있길 바란다.

실험 보고서

실험: 사실과 진실의 문제

이론: 누구든 마음만 먹으면 신비로운 정보를 잔뜩 안고 활기찬 가능성의 장과 연결될 수 있다.

의문: 나와 별 관련도 없는 삶의 이런저런 것들을 보고 믿는다는 게 말이 되는가? 또 그런 엉뚱한 것들에 집중하느라 삶을 변화시킬 수도 있는 소중한 지혜와 교훈들을 놓친다는 게 말이 되는가? 한편 자연은 과연 내게 보내는 메시지를 갖고 있는 것일까?

가설: 자연의 순환 및 리듬과 더 강하게 연결될수록, 보다 큰 에너지와 넓은 광역대의 기쁨을 누릴 수 있게 된다.

주어진 시간: 3일

오늘의 날짜: _____ **시각:** _____

답을 받아보게 될 마감 일자: _____

접근 방식: 앞으로 3일간 나는 내 의식 속에서 뉴스 미디어(페이스북이나 트위터도 마찬가지)를 지워버릴 것이다. 대신 밖에 나가 주변을 산책하며, 자연 속에서 뉴스를 찾을 것이다. 자연 속에서 무언가 중요한 메시지를 열심히 찾고 또 기대할 것이다.

연구 노트: _____

_____

_____

_____

_____

_____

_____

_____

"인간이 자연보다 한 수 위라는 사실을 입증하는 데 시간을 허비할 것이 아니라,
자연의 너그러움을 즐기고, 자연의 위대함을 찬미하는 데 시간을 써야 한다."

— E. B. 화이트^{E. B. White}, 작가

> 나의 블로그 이야기

사실 vs. 진실

나는 필요한 훈련도 받았고 학위도 있으니, 그야말로 필요한 것을 다 갖춘 기자다. 게다가 어니스트 헤밍웨이Ernest Hemingway와 월트 디즈니Walt Disney가 처음 사회생활을 시작한 바로 그 신문사 〈캔자스 시티 스타Kansas City Star〉에서 기자 생활을 시작했으니, 이력도 괜찮다.

그러나 지난 몇 년간 기자생활을 하면서 추구하기로 맹세했던 '사실들'에 대한 믿음이 흔들리기 시작했다. 오직 사실들만 전달한다는 것이 과연 유익한 일인지 확신할 수 없게 된 것이다. 이른바 '사실'은 더 이상 영구화시키고 싶지 않은 부정적인 에너지만 만들어내고 있다.

행복이 우리의 생득권이라는 것, 사랑이 우리의 유일한 현실이라는 것, 가끔 사실이 사실 같아 보이지 않는 이유는 우리가 너무 오래 그것들에 초점을 맞춰왔기 때문이라는 것. 이런 것들이 지금 내가 기자로서 사람들에게 알리고자 하는 사실이다. 지금 나는 내가 원치 않는 것에 대해 관심을 갖고, 알리고, 이야기하는 것이 비생산적이라는 것을 잘 안다. 언제든 내가 기쁨과 평화를 느끼지 못한다면, 그것은 내가 나의 근원인 우주의 공감을 얻지 못할 일에 관심을 두고 있기 때문이다. 아직도 고통과 괴로움을 믿는 '옛 방송국'에 가끔 채널을 맞추기 때문이다.

나는 이제 파티에 전혀 다른 에너지를 불어넣는 일에 몰두하고 있다. 사랑의 에너지, 아름다운 것만 보는 에너지, 모든 사람에게서 '진실(진실은 사실과는 다르다)'을 찾아내는 에너지 말이다.

나는 예수가 왜 한쪽 뺨을 맞거든 다른 쪽 뺨도 돌리라고 했는지 알 것 같다. 설마 우리가 이런 식으로 실컷 맞아 얼굴에 온통 시퍼런 멍이 든 채 돌아다녀야 한다고 했던 이야기는 아닐 것이다. 우리가 뺨을 돌려 다른 방향으로 나아가야 한다는, 즉 더 높고 더 밝고 더 즐거운 현실로 나아가야 한다는 이야기를 한 것이다.

'사실'은 우리가 너무 오래 생각해온 나머지 정상처럼 보이는 사고 습관에 지나지 않는다. 우리는 계속 많은 시간과 생각을 쏟으면서 그 사실들을 정당화시키고 있고, 또한 계속 더 많은 사실을 만들어내고 있다. 사실이 우리의 믿음 주변을 가득 메우고 있는 것이다.

양자 물리학은 우리가 무언가를 보게 되면, 반드시 그것에 어떤 영향을 주게 된다는 걸 입증해왔다. 불행히도 우리는 그간 우리에게 아무 도움도 안 되는 것들을 추구해왔다(그러면서 그것들에 영향을 주었다). 줄곧 이런저런 사실을 추구해왔으며, 그것들이 고착화되고 나서 한참이 지난 뒤에야 자신에게 그 사실을 바꿀 힘이 있다는 걸 깨닫게 된 것이다. 게다가 그 사실들은 상당한 힘까지 갖게 됐다. 그러나 언제든 우리는 '다른 쪽 뺨을 돌려' 다른 방향을 볼 수 있다.

나는 현재 다른 쪽 뺨을 돌려 기쁨과 마음의 평화 쪽을 보고 있다. 또한 우리 모두 자유롭고 풍요로워질 수 있고, 끝없이 행복한 삶을 살 수 있다는 생각 쪽을 바라보고 있다.

실험7.
말의 위력의 문제

> **1.0 세계관:** 내가 무슨 말을 하든 그건 중요치 않다. 나는 눈에 보이는 대로 말할 뿐이니까.
>
> **2.0 세계관:** 비판을 중단하는 순간, 당신의 삶은 풍요롭고 즐거워진다.

전제

"말은 아름다운 것이다. 마법의 물약처럼 한마디, 한마디가 다른 말들과 합쳐져 강력한 마법을 일으킨다."
– 딘 쿤츠Dean Koontz, 작가

성서 시절에는 그런 직종이 있었을지 모르지만, 내가 마지막으로 업종별 전화번호부를 뒤져보았을 때 예언자란 직종은 없었다. 그러나 만일 예언자처럼 미래를 엿보고 싶다면, 당신 스스로 자신에 대해 그리고 자신의 삶에 대해 어떤 말을 쓰는지 눈여겨보라. 만일 당신이 평소 "오늘은 멋진 하루가 될 거야"라든지 "언제나 모든 게 술술 잘 풀릴 거야" 같은 식으로 말한다면, 당신은 당신 입을 빌려 긍정적인 미래를 예언하고 있는 것이다.

그러나 우리 대부분은 말이라는 마법의 물약을 제대로 활용하지 못한 채 마치 색종이 조각 뿌리듯 아무 생각 없이 말을 막 내뱉어버린다. 이런 식으로 말이다.

- "환절기네. 곧 감기 몸살에 걸릴 것 같은데."
- "다이어트란 다이어트는 다 해봤는데, 나는 아무래도 살을 뺄 수 없을 것 같아."
- "이렇게 멍청할 수가! 내가 대체 무슨 생각을 한 거야?"

마음속에 뛰어다니는 생각들을 통제하기는 어렵지만, 입으로 내뱉는 말을 모니터링할 수는 있다. 캔자스 시의 한 작은 교회 목사였던 윌 보웬Will Bowen은 자신이 평소 얼마나 자주 부정적인 말들을 내뱉는지 깨닫고 충격을 받았다. 이후 자기 교회 신도들에게 21일간 불평하지 말고 지내보라며 어려운 도전거리를 내주었다. 정작 보웬 자신은 도전 첫 주에 불평과 험담 또는 비판을 하지 않고 지낸 시간이 단 6시간에 불과했다. 그런 일에 단련된 선량한 목사였는데도 말이다.

수개월이 걸리긴 했지만, 어쨌든 보웬은 21일간의 '불평 없이 지내기 도전'을 성공리에 끝냈고, 그의 이야기는 전 세계에 알려졌다. 그러면서 그는 〈피플〉에 소개됐고, 〈오프라 윈프리 쇼The Oprah Winfrey Show〉와 〈투데이 쇼The Today Show〉에도 출연하게 되었다. 수십만 명이 그의 웹사이트www.acomplaintfreeworld.org를 방문해 '불평 없이 지내기'에 도전했고, 자신의 정신을 포맷하면서 만성 통증이 사라지고 인간관계가 개선되고 직장 문제가 해결되고 전반적으로 더 행복해지는 기적을 경험했다.

보웬이 그러했듯 사람들 역시도 자신들의 평소 대화가 기계적으로 암기한 것을 내뱉는 수준에서 벗어나지 못하고 있다는 사실을 알고 놀라지 않을 수 없었다. 예를 들어 누군가가 "어떻게 지내요?"라고 물어오면, 우리는 깊이 생각지도 않고 "잘 지내요. 고마워요. 당신은요?"라고 되뇐다. 또한 누군가가 가까운 친척이 췌장암에 걸렸다고 말하면, 우리는 또 즉시 "오, 저런! 정말 안됐네요!"라는 말을 내뱉는다. 대개는 이렇게 이미 학습된 반응을 내보이면서, 동시에 우리 뇌가 췌장암이든 일반적인 암이든 암과 관련해 지금껏 비축해온 정보나 다른 암에 걸린 친구의 정보를 주루룩 훑어본다. 앞서 말했듯 모든 것이 거의 기계적인 암기나 다름없는 것이다.

말은 승리도 부르고, 패배도 부른다

"당신의 말을 바꾸면, 당신의 세상도 바꿀 수 있다."
– 조엘 오스틴Joe Osteen, 목사

초등학생 시절, 내 여동생은 사람들마다 할 수 있는 말이 일정량씩 할당되어 있다고 믿었다. 일단 자신에게 할당된 말을 다 써버리면 죽거나 말을 하지 못하게 된다고 믿었는데, 이것이 둘 다 싫었던 모양인지 그 아이는 자신이 하는 말에 아주 신중했다. 다행히 그녀는 이제 사람이 할 수 있는 말의 양이 전혀 제한되어 있지 않다는 것을 안다. 하지만 말하는 데 신중을 기하는 것이 우리 모두에게 득이 된다는 점 또한 잘 알고 있다.

매일 아침 우리는 하루를 축복할 수도, 저주할 수도 있다. 당신은 말을 통해 상황을 설명할 수도, 상황을 변화시킬 수도 있다. 예를 들어 당신은 친구에게 전화해 남편이 너무 칭찬에 인색하다는 불만을 늘어놓을 수도, 당신과 남편이 처음 만나 사랑에 빠졌던 때의 이야기를 들려줄 수도 있다. 둘 다 실제 있었던 일에 대한 이야기지만, 각각의 이야기에 담긴 에너지는 전혀 다르다.

남편이 자꾸 당신 생일을 까먹는다거나 상사가 당신의 진가를 알아주지 못한다는 이야기를 끝없이 반복하는 것은, 처음 볼 때도 별로지만 다시 본다 해도 전혀 나아질 게 없는 영화를 보고 또 보는 것과 마찬가지다. 우리 대부분은 별로 좋아하지 않는 영화가 DVD로 나왔을 때 그걸 빌려 보려고 난리를 치지 않는다. 그러니 굳이 전혀 마음에 들지도 않는 일들에 대해 반복해서 떠들 이유가 어디 있겠는가? 즐겁지도 않은 일들을 되풀이해 떠든다는 것은 정말 쓸데없는 짓이다.

부정적인 이야기를 되풀이할 경우, 부정적인 에너지는 점점 더 커지게 되고, 결국 거기서 발산되는 주파수가 비슷한 주파수를 가진 부정적인 일들을 계속 더 끌어들이게 된다. 물론 힘과 용기를 주는 긍정적인 이야기를 되풀이하면, 그 반대의 현상이 일어나게 마련이다. 그러니 당신이 말을 할 때는 가고자 하는 인생 방향에 맞게 긍정적인 언어로 이야기를 해야 한다.

나는 선언한다

"어떤 사람들은 매일 돈 타령을 하면서 왜 자기에게 돈이 별로 없는지 의아해 한다. 어떤 사람들은 매일 쓸모없는 인간 타령을 하면서 왜 자신이 허구한 날 축 처져 있는지, 인간관계도 사회생활도 왜 원하는 대로 되지 않는지 의아해 한다. 그러나 그들이 간과하는 게 있다. 바로 전혀 원치 않더라도, 사람은 평소 자신이 하던 말대로 된다는 점이다."
– 테리 콜–휘테커Terry Cole-Whittaker, 목사이자 작가

우주는 우리가 건강하고 또 번성하기를 바라며, 우리가 원하는 것을 모두 주고 싶어 한다. 그러나 만일 '쉬지 않고 일만 하는 것'에 대해, '점점 어려워지는 경제'에 대해 불평불만을 늘어놓는다면, 우주는 자신의 주파수를 그런 부정적인 주파수에 맞출 수밖에 없다. 리모컨 채널을 ABC 방송에 맞춰놓고 NBC 방송을 볼 수 없듯이, 가혹한 삶에 대한 불평불만을 늘어놓으면서 번성하길 바랄 수는 없는 노릇이다. 늘 부족함과 빈곤에 대한 이야기를 하면서 풍요로운 삶을 기대할 수도 없다. 끊임없이 모든 게 안 풀린다고 넋두리를 해대면서 더 좋아지길 바랄 수는 없는 것이다.

우주는 맥도날드에서 주문을 받는 점원과 비슷하다. 우리가 계속에 그 맥머핀을 주문하는데, 빅맥을 내주진 못하는 것이다. 다음은 우리가 인생 메뉴판에서 고를 수 있는 메뉴의 예다.

- "나는 축복받은 사람이다."
- "우주는 내가 필요로 하는 것을 다 준다."

- "나는 '신성한 건강'을 유지하고 있다."
- "앞으로 이렇게 좋은 것들이 더 많이 주어질 것이다."
- "우주는 지금 나를 위해 새로운 문들을 열어주고 있다."

- "이 중독 상태에서 절대 벗어나지 못할 것이다."
- "나는 그간 최선을 다했다."
- "나는 별로 재능이 없다."
- "나는 자격이 없다."
- "그 여자한테 데이트 신청을 하는 건 시간 낭비다."

어느 쪽을 고를 것인가? 우리가 올바른 방향으로 말을 쓰게 될 때, 장애물들이 사라지고, 모든 일이 호전되고, 마침내 인생이 제대로 풀리기 시작할 것이다.

되고 싶은 대로 말하라

"말은 엑스레이와 같아, 제대로 사용하기만 하면, 모든 걸 꿰뚫을 수 있다."
– 올더스 헉슬리Aldous Huxley, 《멋진 신세계Brave New World》의 저자

이름은 밝히지 않겠지만, 평소 내가 세상을 너무 낙천적으로 본다며 흉보는 친구가 하나 있다. 그 친구는 좋은 것과 아름다운 것에 대한 얘기만 하는 건 사실을 부정하는 행위라고 생각한다.

그러나 '사실들'은 내 관심사가 아니다. 나는 사실보다는 가능성에 대해 이야기하고 싶다. 그 친구는 이런저런 연구나 정부의 발표 또는 의사의 진단 등이 반박할 수 없는 사실들이라고 생각한다. 그러나 나는 그런 것들이 더 나은 무언가로 가기 위한 디딤돌에 지나지 않는다고 믿는다.

나는 우리가 갖고 있는 가장 중요한 능력이 상상력이며, 그 상상력과 무한한 가능성의 장을 제대로 정렬시킴으로써 현재의 사실들보다 훨씬 더 나은 무언가를 만들어낼 수 있다고 믿는다. 현재의 사실들을 되풀이해서 말해봐야, 계속 마음에 들지 않고 짜증 나는 사실들만 더 불러들일 뿐이다.

이처럼 겉으로 보이는 것들에만 신경을 쓰는 것은 모든 걸 더 좋게 변화시킬 수 있는 우리의 힘을 스스로 부정하는 것이다. 우리가 내뱉는 말들은 그 어떤 것도 이룰 수 있는 이런저런 가능성의 씨앗들이기 때문이다.

우리는 앞으로도 계속 사실 또는 겉으로 보이는 것에 신경을 쓸 수도 있고, 더 나은 상상력을 발휘할 수 있는 가능성에 신경을 쓸 수도 있다. 그러나 '사실'은 우리가 지금껏 신경써온 것이니, '가능성'이 훨씬 흥미롭지 않은가. 내 친구는 내가 사실들을 부정하고 있다고 흉을 보지만, 그 사실들은 결국 우리가 지금까지 떠들어온 '부족함'과 '문제'에 대한 이런저런 말들의 결과물일 뿐이다.

또다시 말에서 떨어지다

"어떤 사람들은 자신이 내뱉는 말을 잘 통제하지만, 어떤 사람들은 그러질 못한다."
– 스티브 마틴Steve Martin, 코미디언

50세가 되었을 때, 나는 기본적으로 내 인생이 끝났다고 결론지었다. 한때 큰 키에 멋진 금발을 자랑하던 시절도 있었지만, 그것도 이제 끝이라고 생각했다. 나는 모든 사람들에게 계속 그렇게 말했다. 먼저 폐경기를 거친 친구를 쭉 지켜봤기에, 나는 내가 폐경기 때 어떤 일을 겪게 될지 잘 알고 있었다. 피부는 더욱 건조해져 쪼글쪼글해질 것이고, 난자가 갑자기 모습을 감춰버릴 것이며, 감정은 회오리바람처럼 끝없이 오르락내리락할 것이다. 나는 밤새 '오, 슬프다' 상태였다. 속으로는 계속 이렇게 외쳤다.

"폐경기가 오고 있다. 폐경기가 오고 있다."

어느 날 나는 폐경기에 대처하는 법을 알려주는 책을 열심히 읽다가 마침내 깨달았다. 사람은 결국 자신의 말과 기대로 자신의 미래를 예언한다는 사실을 말이다. 닥쳐올 재앙의 징조들을 찾으며 계속 "맙소사, 이게 나야?"를 노래하고 있었으니, 자연스럽게 인생의 새로운 단계로 접어드는 일을 잘 받아들이지 못했던 셈이다. 어쩔 수 없는 인생의 주기를 받아들이지 못한 채 스스로를 힘들게 만들고 있었는지도 모른다.

나는 읽던 책을 소리 나게 탁 덮고 그 책을 빌려준 친구에게 전화를 걸어 말했다.

"폐경기 증세들에 대한 이 책 정말 잘 봤어. 고마워. 지금 가서 돌려 줄게."

그 이후 나는 누구든 내 말에 귀 기울이는 사람에게 이렇게 선언했다. 지금도 그렇다.

- "오, 오늘 정말 멋져 보이는데."
- "내 전성기는 이제부터야."
- "난 앞으로 매일 더 강해지고, 더 젊어 보일 거야."
- "지금 건강이 요단 강처럼 흘러넘치고 있어."

조엘 오스틴 목사가 언젠가 자신의 한 고등학교 친구에 대한 이야기를 한 적이 있다. 그 친구는 학교 미식축구 팀의 스타였다. 그의 숱 많은 머리카락은 보기 좋게 곱슬거렸다. 그는 여자들이 '정말 섹시한 남자'라고 부르는 그런 남자였다. 그런데 오스틴 목사가 미래 계획이 무엇이냐고 물으면 그 친구는 늘 이렇게 답했다고 한다.

"아, 별거 없어. 그냥 나이 들고 뚱뚱해지고 대머리가 되고, 그렇게 되겠지 뭐."

오스틴 목사는 이에 대해 다음과 같이 말했다.

"그 친구가 그런 식으로 말하는 걸 아마 500번은 들었을 거예요. 그 후 15년 넘게 그 친구를 보지 못하다가 어느 날 우연히 만나게 됐어요. 그런데 어떤 일이 있었는지 아세요? 그 친구, 알고 보니 정말 엄청나게 정확한 예언가더라고요. 자기 말 그대로, 나이가 들어 뚱뚱해지고 머리가 벗겨진 남자가 되어 있었거든요."

너무 피곤해서 몸에 에너지가 하나도 없다는 말을 계속 하다 보면, 우리는 정말 그렇게 되고 만다. 그러니 불평불만을 늘어놓을 게 아니라, "난 강해. 난 에너지가 차고 넘쳐. 끊임없이 활력이 되살아나거든"이라고 말하는 게 더 현명하지 않을까?

피곤하다는 말을 더 많이 할수록 점점 더 피곤해지게 마련이다. 사람들을 붙잡고 우울하다는 말을 많이 할수록 점점 더 우울해지게 마련이다. 자신이 너무 뚱뚱해 볼품없다는 말을 많이 할수록……. 더는 말하지 않겠다.

현재의 자신에 대해 말하지 마라. 앞으로 되고 싶은 자신에 대해 말하라. 출판사 헤이 하우스의 설립자이자 나의 멘토이기도 한 루이스 헤이Louise Hay는 지구 상에서 가장 놀랍고 존경스러운 여든일곱 살의 여성인데, 그녀는 심지어 매일 거울을 들여다보며 큰 소리로 승리를 선언한다고 한다. 혹 거울 이야기가 처음인 사람을 위해 한마디 덧붙이자면, 이는 거울을 들여다보며 "거울아, 거울아, 세상에서 누가 가장 예쁘니?"와 같은 질문을 던진다는 게 아니다. 거울 속에 있는 자신의 눈을 깊이 들여다보면서 자기 자신에게 자신이 얼마나 아름답고 멋지고 소중하며 재능 있고 창의적인지, 또 그 밖에 얼마나 많은 장점을 갖고 있는지를 말해주는 것이다.

어느 날 내 친구 론다Rhonda가 '당신은 특출한 삶을 만들어낼 수 있다'

는 제목 아래 진행된, 루이스 헤이와 작가 셰릴 리처드슨Cheryl Richardson의 강연에 다녀온 뒤 내게 이런 말을 한 적이 있다. 헤이는 평소 사람들에게 매일 거울을 보며 자기 암시를 해보라고 권하는데, 그녀가 강연 도중 자신의 브라 속에 손을 넣어 조그만 거울을 꺼내더니 그 거울을 들여다보며 "안녕, 보기 좋은데. 잘 지내지?" 이랬다는 것이다. 헤이는 그야말로 행동으로 보여주는 능동적인 여성이다.

경험이 뒷받침된 증거

"인생은 부메랑 게임과 같다. 당신의 생각과 행동과 말은 놀라울 정도로 정확히 당신에게 되돌아온다."
– 플로렌스 스코블 신Florence Scovel Shinn, 《기독교인이 죽기 전에 반드시 가져야 할 성공 법칙The Game of Life and How To Play It》의 저자

1976년 영화 〈핑크 팬더4 : 핑크 팬더의 역습The Pink Panther Strikes Again〉을 본 당신이라면, 드레퓌스 경감이 몇 번이나 되뇐 말을 기억할 것이다. 클로조 경감의 무능함 때문에 스트레스를 받기 시작한 드레퓌스 경감은 마침내 정신과 의사를 찾게 되고, 그에게서 다음과 같은 말을 되뇌라는 처방을 받는다.

"매일매일 그리고 모든 면에서 난 더 좋아질 거야."

드레퓌스 경감에게는 그 말이 효과가 없었지만, 일종의 주문 같은 이 자기 암시는 프랑스의 심리학자이자 약사였던 에밀 쿠에Emile Coue에 의해 널리 애용되어, 우리가 알고 있는 '위약 효과' 같은 효과를 발휘하게

된다. 그가 사람들에게 어떤 약이 아주 효험이 뛰어나다고 열변을 토할 경우, 그 약의 효과가 더 좋아졌던 것이다. 그러나 약에 대해 아무 말도 하지 않으면 같은 약이라도 효과가 덜했다.

에밀 쿠에는 약 효과를 좌우하는 것은 약 그 자체보다는 그 약의 효험이 아주 뛰어나다고 생각하는 강력한 믿음이라고 말했다. 그의 일생을 그린 한 전기에 따르면, 약에 대한 그런 믿음 덕에 신장 질환과 기억상실, 당뇨병, 편두통에 이르는 모든 질환이 치유되었다고 밝힌 사람이 무려 93%에 이르렀다고 한다. 나머지 7%는 워낙 의심이 많아 드레퓌스 경감이 아무리 말을 해도 병이 치유되지 않는다고 생각한 사람들이었다고 한다.

드레퓌스 경감이 한 말, 그러니까 "매일매일 그리고 모든 면에서 난 더 좋아질 거야"라는 말은 최근에도 종종 쓰이고 있다. 미국 드라마 〈보드워크 엠파이어Boardwalk Empire〉 시즌3에서는 도망자 넬슨 반 알덴Nelson Van Alden이 거울을 들여다보며 그 말을 되뇌기도 했다.

에밀 쿠에는 이런 말을 즐겨 했다.

"나는 평생 누군가를 치유시켜본 적이 없다. 내가 한 일은 사람들에게 스스로를 치유하는 방법을 알려준 것뿐이다."

그러면서 그는 무언가를 치유하려면 잠재의식에 변화를 주어야 하며, 그러려면 어떤 말이 잠재의식에 완전히 흡수될 때까지 그 말을 쉬지 않고 반복해야 한다고 주장했다. 그는 그 당시에 이미 '어떤 생각이 마음을 완전히 점령하게 되면, 결국 그 생각이 현실화된다'는 사실을 누구보다 잘 알고 있었던 것이다.

경험이 뒷받침된 또 다른 증거

"약속은 믿음을 통해 나타난다."
– 〈로마서〉 4장 ˙ 6절

1999년 도미니카공화국 출신의 뛰어난 투수 호세 리마Jose Lima는 휴스턴 에스트로스 팀 선수로 정말 놀라운 시즌을 보냈다. 그는 21경기 연속 우승 기록을 세웠고, 또 올스타 게임에서 투수로 뛰었다. 그러나 그 이듬해인 2000년 휴스턴 에스트로스 팀이 새로 지은 전용 구장에서 첫 경기를 치르던 날, 야구장 안으로 걸어 들어간 그는 홈 베이스에서 좌익 펜스까지의 거리가 이전 경기장인 아스트로돔보다 훨씬 더 가깝다는 걸 알고는 이렇게 말했다.

"여기선 도저히 제대로 공을 던질 수 없겠어."

결국 그의 예언은 적중했다. 팬들은 새로운 홈구장에서 열띤 응원을 보냈지만, 호세 리마는 21승 투수에서 졸지에 16패 투수로 몰락하고 말았다. 에스트로스 팀이 생긴 이래 그렇게 급격한 부침을 기록한 투수는 처음이었다.

이는 조엘 오스틴에게서 들은 이야기다. 아버지가 세상을 떠난 뒤 처음 교회 일을 맡게 된 그는 두려움과 걱정에 휩싸였다고 한다. 그는 '난 사람들 앞에서 말을 잘할 수 없을 거야'라고 생각했다. 그러나 현명하게도 그는 그 생각을 밖으로 내뱉진 않았다. 대신 지금은 전국적인 TV 방송까지 타고 있는 그 교회의 신도들이 자기 말에 열심히 귀 기울여줄 거라는 자기 암시를 계속했다.

그는 이제 전국적으로 큰 인기를 끌고 있는 그 교회에서의 일요일 아침 설교와 관련해 다음과 같이 말한다.

"사람들이 내 말에 귀를 기울이기 시작하면, 쉽게 중단할 수가 없어요."

그는 어느 날 한 남자로부터 편지를 받았는데, 그 편지에서 그 남자는 이렇게 말하고 있었다.

"전 TV에 나오는 목사님들을 아주 싫어합니다. 그런데 제 아내는 계속 저한테 목사님의 설교 프로그램을 보라고 하더군요. 그때마다 저는 '오, 알았어. 그럴게'라고 하면서 실제로는 그러지 않았죠. 저는 대개 스포츠 프로그램을 보거든요. 그러다 언젠가 일요일에 리모컨으로 TV 채널을 이리저리 돌리는데, 우연히 목사님 설교 프로그램이 잡힌 거예요. 앞서 보고 있던 골프 토너먼트 프로그램을 다시 보려고 리모컨 버튼을 막 눌러 채널을 돌리려고 했죠. 그런데 어찌 된 영문인지 리모컨이 말을 안 듣는 거예요. 새 배터리로 갈아 끼우기까지 해봤다니까요. 그래도 리모컨이 계속 말을 안 듣더군요. 결국 다 포기하고 목사님 설교를 들었죠. 그런데 아내 말이 맞더라고요. 목사님 설교가 마음에 와 닿았어요. 정말 희한한 건, 목사님 설교 방송이 끝나자마자 리모컨이 다시 정상적으로 작동됐다는 거예요."

실험 방법

"자신에게 어떤 일을 밀어붙이는 게 제대로 먹힌다면, 누구나 날씬해지고 부유해지고 행복해질 수 있을 것이다, 그렇지 않은가?"
– 셰릴 리처드슨, 작가

갓난아기가 악을 쓰며 울 때 이런 말을 해본 적이 있을 것이다.

"아가, 말 좀 해봐. 대체 왜 그러니?"

우리가 이번 실험에서 해보려는 것이 바로 그런 것이다. 우리는 이제 말을 통해 좋은 일들을 불러들이고, 삶을 윤택하게 하고, 보이지 않는 영역에 대한 믿음을 강화할 것이다. 그러기 위해 다음 5단계를 밟게 될 것이다.

- **1단계: 당신이 지금 살면서 목격하는 것들은 매일 말로 공고히 하지 않을 경우 일시적인 것에 불과하게 될 거란 사실을 인정하라.**
- **2단계: 앞으로 3일간 이 실험을 지속하면서 불평불만을 터뜨리지 마라.** 레게 가수 밥 말리Bob Marley가 늘 말한 것처럼 불평불만은 악마의 초대일 뿐이다.
- **3단계: 큰 소리로 "이렇게 멋진 날을 주셔서 감사합니다"라고 말하라.** 그리고 다음 빈칸들에 무언가를 채워 넣어보라. 사랑은 그 어떤 암담한 상황도 꿰뚫는 특수한 주파수를 발산하니까.

나는 _____을 사랑하고 _____도 사랑한다.

- **4단계: 오랜 세월 반복해온 부정적인 말, 이를테면 "계속 등이 쿡쿡**

쑤셔" 또는 "난 첫 데이트에 소질이 없어" 등의 말을 하나 골라, 그와 정반대되는 말을 하는 게임에 도전하라. 평소 즐겨쓰는 레퍼토리 중 하나라서 당신 친구들이 대번에 알아챌 만한 그런 말을 고르면 된다. 그러고 나서 앞으로 3일간은 전혀 다른 이야기를 하는 것이다. 연기파 배우 메릴 스트립Meryl Streep처럼 명연기를 해보라.

• 5단계: 이제 다음 72시간 동안 그처럼 정반대되는 현실의 증거가 나타나는지를 살펴보라.

실험 보고서

실험: 말의 위력의 문제

이론: 내 입을 통해 나가는 말들은 특정한 주파수와 에너지를 갖고 있으며, 오직 축복과 희망이 가득한 말을 통해서만 나 자신과 다른 사람들에게 힘을 줄 수 있다.

의문: 대화 방식을 바꾸는 것이 내 삶에 긍정적인 영향을 줄 수 있을까?

가설: 내뱉는 말들을 잘 통제할 때, 나는 내 삶에 전혀 다른 것들이 나타나는 걸 목격하게 된다.

주어진 시간: 72시간

오늘 날짜: _____ **시각:** _____

답을 받아보게 될 마감 일자: _____

접근 방식: 앞으로 72시간 동안 나는 말 하나하나를 별 생각 없이 성급하게 내뱉는 일을 하지 않을 것이며, 스스로 세운 '품질 관리' 요건을 통과하는 말들만 내뱉을 것이다. 앞으로 3일간 나나 다른 사람들에 대해 불평불만을 내뱉거나 비판적이고 불친절한 말을 하지 않을 수 있다면, 나는 더 높은 에너지를 느끼고, 또 내게서 보다 기분 좋은 주파수가 발산되는 걸 느끼게 될 것이다.

연구 노트: _____

_____

_____

_____

_____

_____

_____

> "포도주를 마시고 멋진 말들을 하면서 축제를 즐기자."
> – 플라우투스Plautus, 희극 작가

> 나의 블로그 이야기

영화〈행오버〉3편이
양자 물리학에 대해 가르쳐주는 것

솔직히 말해 나는 〈행오버 The Hangover〉 3편을 보지 못했다. 그 3부작 영화 중 2편도 보지 못했다. 이 별 하나짜리 코미디 영화가 보여주고자 하는 것은 우리가 매일 똑같은 행동을 되풀이하는 경향이 있다는 사실이다. 우리는 쳇바퀴 돌 듯 하는 삶에서 어제 보았던 것들을 오늘 또다시 보게 된다. 그러나 사실 오늘은 수없이 많은 가능성이 남아 있는 전혀 새로운 날이다.

예전에는 코미디언 에드 맥마흔 Ed McMahon이 거액의 로또 복권 당첨금이 적힌 수표를 당첨자에게 전달하는 역할을 했는데, 바로 오늘 누군가가 그런 수표를 들고 당신 집 문을 두드릴 수도 있다. 아니면 새로운 친구를 사귀게 되거나 새로운 섹스 파트너를 만날 수도 있다. 수백만 명의 삶을 변화시킬 수 있는 비영리 단체 설립 아이디어나 어떤 책 또는 노래의 아이디어를 떠올릴 수도 있다.

문제는 그 누구도 오늘 어떤 일이 일어날지 모른다는 것이다. 그러나 매일 아침 눈을 뜨면서 똑같은 걸 기대한다면, 어제의 복사판 같은 하루를 갖게 될 뿐이다. 물론 약간의 변화는 있을 수 있다. 어제와 달리 오늘은 속도위반 딱지를 뗄 수도 있고, 파스타 대신 페퍼로니 피자를 먹을 수도 있다. 하지만 이건 인정하자. 우리는 기본적으로 어제의 복사판 같은 오늘을 예상한다.

그러나 만일 아침에 눈을 떠서 맞이하는 오늘이 전혀 예상 불가능한 하루라면 어떻겠는가? 그 무한한 가능성을 받아들일 수 있겠는가? 세상의 풍요로움이 우리 삶 속으로 쏟아져 들어올 수 있다는 가능성을 받아들일 수 있겠는가? 지구 위에 평화가 깃들 가능성, 세상 모든 아이들이 진정 사랑받고 있다는 걸 느끼며 배부른 상태로 잠자리에 들게 될 가능성을?

내가 알고 있는 사실은 오직 이것 하나뿐이다. 우리가 우리 삶에서 찾는 것들을 그대로, 다시 말해 모양과 크기와 색까지 그대로 받게 된다는 것 말이다. 양자 물리학의 가장 큰 미스터리 중 하나는 그것이 무엇이든 간에 관찰자가 보고자 하는 대로 보게 된다는 것이다. 물리적 현실은 그 본질상 고에너지 광자로 이루어져 있다. 그리고 당신과 나, 우리는 빛과 정보의 패턴, 즉 우리가 계속 재연하고 또 재연하는 빛과 정보의 패턴이다. 내 식으로 말하자면, 우리가 전혀 새롭고 전혀 다른 가능성들에 마음의 문을 활짝 열면 열수록 세상은 그만큼 더 나아진다.

그렇다. 그래서 〈행오버〉 1편은 재미있었다. 그러나 나는 그 〈행오버〉 1편에 나왔던 브래들리 쿠퍼Bradley Cooper와 자흐 갈리피아나키스Zach Galifianakis와 다른 모든 배우들이 전혀 새로운 영화에 다시 나오는 걸 봤으면 좋겠다.

실험8.
생각과 의식의 문제

> 1.0 세계관: 아, 한심하도다! 무심한 세상에 의해 이리저리 떠밀리는 가련한 인간인 나. 무언가 내가 할 수 있는 일이 있으면 좋으련만.
>
> 2.0 세계관: 당신은 믿기지 않을 만큼 강하다. 현실은 유동성 있게 늘 변화하며, 또한 당신의 가장 내밀한 믿음들을 반영한다.

전제

"우리는 절대 진실 그 자체를 인지하지 못하며, 우리에게 진실로 보이는 것만 인지한다."
– 바바라 듀이Barbara Dewey, 《당신이 믿는 대로As You Believe》의 저자

이 실험에서 우리는 우리 믿음이 말할 수 없이 강력하다는 것을 입증할 것이다. 실제로 우리의 믿음은 삶 그 자체의 활기찬 에너지다. 우리 믿음은 물리적 현실 안에서 스스로를 재생하고, 또 복제한다. 생각이 현실화되는 이유가 바로 그것이며, 우리가 생각에 집중하면 그 생각이 확대되는 이유도 바로 그것이다. 그러니까 결국 외부 세계는 우리의 가장 내밀한 믿음들을 투영하는 디스플레이 스크린인 셈이다. 우리의 믿음은 계속 살아 움직이면서 우리가 보는 모든 것의 동인이 된다. 따라서 이런저런 불운에 대해 우리 삶을 탓하는 것은 형편없는 애플리케이

션들을 두고 스마트폰을 탓하는 것과 같다. 그런 애플리케이션들을 다운로드받은 건 바로 우리 자신인데 말이다. 이처럼 삶은 우리 믿음들을 투영하는 프로젝터 역할을 할 뿐이다.

우리는 대개 우리 생각과 의식의 힘을 제대로 알지 못한다. 우리의 생각 하나하나는 다 씨앗이며, 강력한 힘을 발휘하는 에너지의 일부다. 충분한 몰입과 감정적 충격, 믿음에 대한 확신이 수반되는 생각들은 그것이 참이든 거짓이든 물질화의 토대가 되고, 또 촉진제도 된다.

한 번 더 강조하지만, 믿음은 그것이 참이든 거짓이든 물질화를 촉진한다. 삶은 끊임없는 투쟁이며 사람의 몸뚱이는 점점 퇴화할 수밖에 없고 대부분의 인간은 멍청하다고 믿는 사람에게는 삶에서 중요한 역할을 하는 것이 미리 정해진 대본이다. 삶 그 자체는 결코 고통스럽지 않다. 삶은 우리의 믿음이 투영된 거울에 지나지 않기 때문이다. 거울을 들여다보고 마스카라가 번진 걸 알게 된다고 해서 거울을 고치려 하지는 않듯이, 우리 눈에 보이는 문제들 그 자체를 고치려 해서는 안 된다. 잘못된 우리의 믿음, 즉 내면의 믿음을 고쳐야 한다.

우리가 어떤 특정한 생각("하지만 내게 돈이 전혀 없는 건 사실이야" "내가 유전학적으로 암 발생 가능성이 큰 건 사실이야")에 너무 많은 신뢰를 보낼 경우, 우리는 그 생각이 사실이라고 믿을 수밖에 없다. 그런 믿음이 '복음서 말씀처럼 절대적인 진리'라고 생각하게 되는 것이다. 과학자나 교사들, CNN 방송이 뭐라고 말하든 '사실들'은 우리가 그걸 뛰어넘기 전까지 물질적 현실을 억제하는 견해들일 뿐이다.

몸집도 크고 힘도 센 우리들

"마음은 우리의 믿음과 우리가 직접 겪는 현실 간에 괴리감을 없애는 일을 한다."
— 브루스 립턴Bruce Lipton, 《당신의 주인은 DNA가 아니다The Biology of Belief》의 저자

우리는 생각과 의식이라는 엄청난 초능력을, 상상하고 확대하고 창조하는 일에 활용하지 못하고 있다. 대신 우리 문화에서 다운로드받은 자료들, 즉 마법처럼 강력한 힘을 가진 현재를 덮어버려 잘 보이지 않게 만드는 자료들을 처리하는 데 허비하고 있다. 우리 존재의 모든 원자와 모든 분자와 모든 에너지 파동은 창조적인 삶과 함께 고동친다. 그런데 마법을 지닌 그 강력한 힘들을 제대로 활용하지 못해 손해를 자초하고 있는 것이다.

이런 현상을 나는 '베이비 휴이Baby Huey 원리'라 부른다. 내가 어렸을 때 나온 만화영화 〈베이비 휴이Baby Huey〉의 주인공인 베이비 휴이는 기저귀를 차고 다니는, 몸집이 비대한 순진한 오리 새끼다. 베이비 휴이는 아직 갓난아기지만, 스모 선수처럼 몸집이 크고 힘이 세서 본의 아니게 이런저런 물건들을 넘어뜨리거나 망가뜨리는 등 늘 말썽을 일으킨다. 또한 자신에게 초인적인 힘이 있다는 사실을 인지조차 하지 못한다. 우리 모습이 바로 그 베이비 휴이와 비슷하다.

우리는 스모 선수처럼 몸집이 크고 힘이 세지만, 그런 사실을 알지 못해 모든 걸 엉망으로 만들면서 우리 능력을 허비하고 있다. 지금 세상이 늘 정체되어 있는 이유는 단 하나, 우리가 갖고 있는 베이비 휴이

의 엄청난 능력을, 늘 좋아하지 않는 것들을 보는 데 허비하고 있기 때문이다. '문제처럼 보이는 것들'을 분석하고 제거하려 애쓰는 과정에서 우리 스스로 파이프들을 막아버려 에너지의 흐름을 차단하고 있는 것이다. 이런저런 것들에 대한 판단을 중단하는 순간, 우리는 무한한 가능성의 장이 흐를 수 있는 탁 트인 빈 공간을 만들 수 있다.

모든 사람이 최면에 걸려 있다

"우리는 평생 미로 속에 갇혀 어떻게 그 미로를 빠져나갈 것인지를 생각하면서 시간을 보낸다. 우리의 미래를, 현재를 탈출하는 데 허비하고 있는 것이다."
— 존 그린John Green, 《잘못은 우리 별에 있어The Fault in Our Stars》의 저자

세상사에 대한 우리의 믿음들은 피뢰침과 같은 역할을 한다. 즉, 그 믿음들이 실로 힘겹고 냉혹한 사실들이라는 증거를 우리 경험 속으로 끌어당긴다. 앞서 말했듯 문제는 살아 움직이는 우주의 에너지가 '사실인 것'과 '사실이라고 상상하는 것'을 구분하지 못한다는 데 있다. 우리 스스로 갖게 된 믿음이든 우리 문화를 지배하는 패러다임에 의해 주어진 믿음이든, 믿음은 스스로를 복제해 물리적인 형태를 띠게 된다.

최면술이 그 좋은 예다. 최면술사가 상대의 손바닥에 얼음조각을 놓고 활활 타는 불씨라고 말하면, 실제 불에 댄 듯 그 사람 손에는 물집이 생긴다. 또 최면술사가 공책이 너무 무거워 들 수 없다고 말하면, 상대는 아무리 기를 써도 탁자에 놓인 그 가벼운 공책을 들어 올리지 못한

다. 상대에게 커다란 햄버거를 먹었다고 말하면, 그 사람의 혈액 내에서 실제 햄버거를 먹었을 때와 같은 화학적 반응이 일어나기도 한다.

영국의 작가 마이클 탤봇Michael Talbot은 자신의 역작 《홀로그램 우주The Holographic Universe》에서 톰Tom이라는 남자의 이야기를 한다. 최면술사는 톰에게 최면을 건 뒤 최면이 풀린 뒤에 그의 딸 로라Laura가 보이지 않을 것이라고 말한다. 그러자 톰은 자기 딸이 바로 앞에서 모든 상황을 지켜보며 킥킥거리고 있는데도 그 애를 보지 못했다. 그때 최면술사가 주머니에서 손목시계를 꺼내 로라의 등에 댄 뒤 톰에게 자기 손에 무엇이 있는지 보이느냐고 묻는다. 톰은 몸을 앞으로 기울여 뚫어지게 앞을 쳐다보았는데, 놀랍게도 딸의 몸 뒤쪽에 있는 손목시계를 봤을 뿐 아니라, 그 손목시계의 시침과 분침까지 읽어냈다.

이 이야기는 고체에 대한 우리의 믿음을 송두리째 뒤엎는다. 또한 우리가 평소 눈으로 보고 겪는 모든 일들이 실은 우리 스스로 내린 결정에 지나지 않을 수도 있다는 것을 보여준다.

조그만 흰 알약 이상의 것

"병든 생각은 열병이나 폐결핵보다 더 무서운 기세로 육신의 살을 좀먹는다."
– 기 드 모파상Guy de Maupassant, 소설가

실제 우리의 믿음과 기대는 너무도 강력해서 위약(설탕 알약이나 식염수 주사, 가짜 수술 등)으로 인해 대머리에서는 머리카락이 나고, 높은 혈압

이 떨어지고, 궤양이 치유되고, 도파민 수치가 올라가고, 심지어 종양 크기가 줄어들기도 한다. 그리고 제약 회사들은 비밀에 부치고 있지만, 실제로 위약은 진짜 약만큼이나 각종 증상을 완화시킨다. 바꿔 말하면, 모든 병을 치유하는 것은 결국 우리의 믿음인 것이다.

아마 위약 효과(흔히 플라세보placebo 효과라고 한다)보다 파급 효과가 큰 것이 '노세보nocebo 효과'일 것이다. 이는 위약 효과와 정반대되는 현상으로, 환자가 부정적인 기대를 하면 실제 부정적인 현실이 나타난다는 것이다. 약에 대한 여러 임상실험 결과들에 따르면, 사람들은 자신이 복용하는 약이 아무 효과도 없는 위약임에도 불구하고, 부작용이 있다는 말을 들으면 실제 그런 부작용을 호소한다고 한다. 섬유 근육통에 대한 한 연구에서는 위약 복용자의 11%가 심각한 부작용을 호소하며 약 복용을 중단한 사실이 밝혀졌다. 그들의 생각이 그런 부작용들을 만들어낸 것이다.

1995년 동경 지하철 안에서 맹독성의 사린가스가 살포되었을 때, 동경의 각 병원에는 메스꺼움과 어지럼증 그리고 널리 보도된 사린가스의 다른 후유증들을 호소하는 환자들이 넘쳐났다. 사린가스에 노출되지도 않은 사람들이 그런 증상을 호소한 것이다. 미국 테네시 주의 한 고등학교에서는 한 교사가 휘발유 냄새가 나고 어지럽다는 신고를 한 뒤 전교생을 학교에서 소개시켰는데, 곧이어 약 100명의 학생들이 병원 응급실로 몰려들었다. 그들 가운데 38명은 밤새 병원에 입원을 하기도 했다. 그러나 그 학교를 철저히 조사해본 결과 그 어떤 화학약품이

나 휘발유도 발견되지 않았다. 순전히 사람들의 믿음과 기대가 빚어낸 소동이었던 것이다.

물론 위약은 아무런 효과도 없지만, 몸에서는 실제 효과가 나타나 생화학적 변화들까지 일어난다. 그러니 소위 사실이라는 것들이 얼마나 허망한 것인지 의문을 갖지 않을 수 없는 것이다.

생각이 밀크셰이크에 미치는 영향

"우리는 믿음이 생리학적 상태와 현실까지 좌우한다는 것을 제대로 믿지 못하는 것 같다."
– 앨리아 크럼Alia Crum, 컬럼비아 경영대학원의 임상 심리학자

최근 미국 공영 라디오 방송 NPR에서는 믿음이 생리학적 상태에 얼마나 큰 영향을 주는지를 보여주는 놀라운 실험을 방송한 적이 있다. 임상 심리학자인 앨리아 크럼은 초대형 프렌치 바닐라 밀크셰이크를 만들어, 그 절반은 저칼로리 음료수라는 라벨을 붙인 병들에 집어넣었다. 그 병들의 라벨에는 '무지방, 무당분, 140cal'라는 문구가 적혀 있었다. 한편 나머지 절반은 다른 병들에 집어넣었는데, 거기에는 '고지방, 고당분, 620cal'라 적힌 라벨을 붙여두었다. 사실 모든 밀크셰이크의 열량은 300cal였다.

실험 참가자들은 그 밀크셰이크를 마시기 전후에 모두 그렐린 수치 검사를 받았다. 그렐린은 소화관에서 분비되는 것으로, 음식을 섭취해

야 할 시기가 됐음을 알려주는 역할을 한다. 이러한 이유로 의사들은 이를 '공복 호르몬hunger hormone'이라 부르기도 한다. 또한 그렐린은 필요한 영양분을 섭취하지 못했을 때 몸 안에서 일어나는 신진대사 상태를 알려준다. 그러니까 음식을 섭취하면 그렐린 수치가 떨어지게 되며, 그 결과 우리 몸이 필요한 영양분을 섭취해 신진대사 또한 활발해졌음을 알 수 있는 것이다.

오랜 기간 위약 효과에 대해 연구해온 앨리아 크럼은 고지방 밀크셰이크를 마셨다고 '믿는' 실험 참가자들이 몸에 좋은 저지방 밀크셰이크를 마셨다고 '믿는' 실험 참가자들에 비해 그렐린 수치가 3배나 낮게 나타나는 것을 발견했다. 그는 다음과 같이 말했다.

"우리의 믿음은 우리가 하는 모든 일 그리고 사실상 모든 영역에서 그 위력을 발휘합니다. 라벨이 단순한 라벨이 아닌 겁니다. 우리의 믿음을 좌우하거든요. 우리가 사실이라고 믿는 대로 사실이 나타나는 것이죠"라고 말했다.

믿음은 음식 이외의 다른 분야에서도 위력을 발휘한다. 이를테면 잠을 충분히 잘 잤다는 사실을 믿는 것만으로도 몸의 기능이 더 좋아질 수 있다. 〈실험 심리학 저널Journal of Experimental Psychology〉에 게재된 한 연구에서는 164명의 학생들을 대상으로 수면 시간 및 피로도와 관련된 실험을 했다. 연구 팀은 한 그룹의 학생들에게는 평균 이상 충분한 잠을 잤다고 생각하게끔 했고, 다른 한 그룹의 학생들에게는 자다 깨다 하면서 제대로 잠을 자지 못해 피곤하다고 생각하게끔 했다. 그다음 두 그룹의 학생들에게 몇 가지 테스트를 했다. 그랬더니 전날 실제로 얼마나 잠을 잘 잤든 관계없이, 잠을 잘 잤다고 믿는 그룹의 학생들이 피곤하다고 믿는 그룹의 학생들보다 테스트 결과가 더 좋았다.

이 이야기가 주는 교훈은 무엇일까? 설사 잠을 충분히 잘 잤다 하더라도, 스스로 피곤하다고 믿고 피로감을 호소할 경우 몸의 기능까지 떨어지게 된다는 것이다.

또 다른 연구 결과도 있다. 자신이 하는 일이 충분한 운동이 된다는 말을 들은 호텔 객실 여종업원들은 1달 후 체중이 줄고, 혈압과 체지방 비율도 떨어졌다. 그러나 그런 말을 전혀 듣지 못한 여종업원들은 체중은 물론 혈압과 체지방 비율이 모두 그대로였다.

경험이 뒷받침된 증거

"우리를 제약하는 것은 우리의 신체 상태가 아니다. 모래사장에 선을 긋는 것은 우리의 한계와 인식에 대한 우리 자신의 마음자세인 것이다."
– 엘렌 랭어Ellen Langer, 하버드대학교 심리학과 교수

1981년 엘렌 랭어 교수와 그의 동료 교수들은 두 그룹의 남자 노인들을 밴에 태운 뒤 뉴햄프셔 주에 있는 한 수도원으로 향했다. 그리고 그 노인들에게 지금이 1959년임을 믿으라고 말했다.

실험에 참여한 노인들은 모두 70대와 80대였는데, 연구 팀은 노인들 주변에 온통 1959년 당시의 물건들을 가져다두어 그들이 다시 젊은 시

절로 돌아가는 게임을 하는 데 도움을 주었다. 노인들의 방에는 그 당시의 〈라이프Life〉와 〈새터데이이브닝포스트Saturday Evening Post〉, 흑백 TV, 구식 라디오 등이 놓여 있었다. 그 매체들에서는 뉴욕 양키스 팀의 미키 맨틀Michey Mantle 선수와 미국 최초의 인공위성 이야기가 나왔고, 피델 카스트로Fidel Castro가 쿠바 총리로 당선되어 수도 하바나에서 카퍼레이드를 벌이는 장면이 나왔으며, 소련의 니키타 후르시초프Nikita Khrushchev 총리와 핵 대피소의 필요성에 대한 이야기도 나왔다. TV에서는 미국 배우 지미 스튜어트Jimmy Stewart가 출연한 1959년 영화 〈살인의 해부Anatomy of a Murder〉가 방영되기도 했다.

연구 팀은 이 '1주일 동안 과거 속에서 사는 실험'을 전후해 노인들의 인지력 검사와 체력 검사를 실시했다. 그 결과는 너무도 드라마틱해, 고정 관념이 노화에 일정 부분 영향을 줄 거라고 이미 예상했던 엘렌 랭어 교수마저 경악케 했다.

실험에 참여한 노인들은 키와 체중, 걸음걸이, 자세, 청력, 시력, 심지어 지능 검사 수행도 등 모든 면에서 뚜렷한 향상을 보였다. 노인들은 관절도 더 유연해졌고, 어깨도 더 넓어졌으며, 손가락 움직임도 더 기민해졌고, 관절염 증상도 호전되었다. 랭어 교수는 다음과 같이 말한다.

"우리가 마음속에 무얼 집어넣든, 우리 몸에 그대로 반영됩니다. 실험이 끝나고 나서 우리는 그분들과 미식축구도 했죠. 몇 분은 짚고 다니던 지팡이도 내던졌어요."

실험 방법

"잠재의식은 우리 감정이 옳고 그른 것에는 아무 관심이 없다. 우리가 옳다고 느끼는 걸 그대로 받아들일 뿐이다."
– 네빌 고다드 Neville Goddard, 신사고 개척자

이 실험에서 당신은 당신 자신의 위약을 만들어내게 될 것이다. 먼저 바꾸고 싶은 물리적인 문제, 즉 신체적인 문제 하나를 생각해보라. 그것은 두통 문제일 수도, 잠을 제대로 못 자는 문제일 수도, 뱃속에서 꼬르륵 소리가 나는 문제일 수도 있다. 다이어트 문제이거나 눈 밑 피부가 처지는 문제일 수도 있겠다.

실험만 생각한다면 무언가 신체적인 문제를 고르는 것이 가장 좋을 것이다(나중에 결과를 기록하기 쉬우니까). 그러나 위약 효과는 정신적인 문제에도 똑같은 효력을 발휘한다. 사실 나는 정신적인 문제들이 결국 다 신체적인 문제들로 위장되어 나타난다고 믿는다. 그래도 어쨌든 위약 효과를 분명히 확인하고 기록하는 데는 신체적인 문제를 선택하는 것이 좋을 것이다.

이제 물 한 잔을 유리잔에 가득 따른 뒤 두 손을 비벼 열과 에너지를 발생시켜보라. 그리고 나서 두 손으로 15초 정도 유리잔을 잡고 있어보라. 그다음 천천히 정신을 집중해 이 물의 치유 효과를 생각해보라. 이 과정을 진행하며 당신 앞에서 담당 의사(아니면 다른 권위자)가 그 치유 효과들을 처방전에 기록하고 있다고 상상하는 것이다. 이러한 행동을 3일 동안 반복하라.

무엇보다 랭어 교수가 수많은 연구에서 입증해온 일, 즉 회복을 좌우하는 것은 위약이 아니라, 우리의 마음자세라는 사실을 상기하라. 랭어 교수의 말을 빌리자면, 우리 몸을 더 좋아지게 만드는 것은 다른 누구도 아닌 바로 우리 자신인 것이다.

실험 보고서

실험: 생각과 의식의 문제

이론: 당신의 생각은 강력하다. 주어진 현실에서 관심을 돌려 그것을 다른 현실로 바꿀 수 있을 정도로 강력하다.

의문: 나 자신의 위약을 만드는 것이 가능할까?

가설: 앞으로 3일간 내가 직접 에너지를 불어넣어 만든 물을 마신다면, 나는 _____을 개선하거나 치유할 수 있다.

주어진 시간: 72시간

오늘의 날짜: _____   **시각:** _____

답을 받아보게 될 마감 일자: _____

접근 방식: 정신 나간 소리처럼 들리겠지만, 나는 직접 위약을 만들 것이다. 그다음 그것을 3일 연속 마시면서 내가 원하는 물리적 변화가 일어나는지 볼 것이다.

연구 노트: _____

_____

_____

_____

_____

_____

_____

_____

_____

_____

"우리 뇌는 우리가 원하는 모습을 띤 세상을 만들어낸다."
– 바버라 프레드릭슨Barbara Fredrickson, 긍정심리학자

> **나의 블로그 이야기**

질병의 해부학
또는 자아의 비밀 병기

최근 미국 정신의학회에서는 정신 장애 진단과 관련된 새로운 편람을 내놓았다. 〈정신 장애 진단 및 통계 편람5^{DSM-V}〉가 바로 그것이다. 통산 다섯 번째로 발행된 이 편람에 새로운 질병이 많이 들어갔다 해도 그리 놀라운 일은 아닐 것이다. 첫 번째 편람이 나온 게 1952년인데, 그 당시에 등록된 일반적인 정신 장애 수는 26종이었다. 현재는 그 수가 400종 이상으로 늘어났다.

나는 지금 우리가 과거보다 16배나 더 제정신이 아닌 시대에 산다는 이야기를 하려는 게 아니다. 그러나 내가 알기로 모든 종류의 질병은 대개 마음에서 시작되고 마음에서 끝난다. 광고 회사들은 이 같은 사실을 잘 안다. 실제로 내가 좋아하는 책 《최고의 나를 꺼내라^{The War of Art}》의 저자인 스티븐 프레스필드^{Steven Pressfield}는 자신이 메디슨 애비뉴의 한 광고 대행사에 근무하던 시절, 사장이 새로운 질병을 만들어내라는 지시를 했다는 말을 한 적이 있다. 그래야 그 질병을 치료하기 위한 광고를 할 수 있다고 말이다.

내 영적 수행에 가장 큰 영향을 준 기적 수업에 따르면, 우리의 자아는 진실을 흐리게 만들고 타고난 치유력을 감추기 위해 우리 몸을 강력한 도구로 활용한다. 그 과정은 다음 6단계를 거친다.

- 1단계: 무언가 문제를 발견한다.
- 2단계: 그것에 집중하기 시작한다.

• 3단계: 그것이 어찌 된 일인지 궁금해한다. 우리가 가장 고귀한 존재의 자식이며, 그래서 절대 질병을 물려받을 수 없다는 사실은 모른 채.
• 4단계: 그것에 대해 조사하기 시작한다.
• 5단계: 그것에 이름을 붙인다.
• 6단계: 친구들에게 그것에 대해 이야기하기 시작하면서 서포트 그룹의 일원이 된다.

하버드대학교 출신의 신경 해부학자로 뇌에 대해 많은 연구를 해온 질 볼테 테일러Jill Bolte Taylor에 따르면, 생각들은 원래 아무 저항 없이 90초 만에 우리 뇌를 통과한다고 한다. 위의 6단계를 적용하지 않는다면 말이다.

실험9.
기적 창조의 문제

> 1.0 세계관: 삶은 엿 같고, 결국 우리는 죽지.
> 2.0 세계관: 삶은 기적이고, 당신은 정말로 죽지 않는다.

전제

"중요한 건 이 물질적인 세계뿐이라고 생각하는가? 그렇다면 이는 마치 스스로를 조그만 벽장 안에 가둔 채 밖에는 아무것도 없다고 상상하는 것과 다름없다."
— 에벤 알렉산더Eben Alexander, 신경외과 의사이자 작가

어린 시절 나는 신석기 시대의 가족 이야기를 다룬 코믹한 만화 영화 〈고인돌 가족The Flintstones〉을 아주 좋아했다. 프레드 플린트스톤Fred Flintstone은 자신이 기르는 사고뭉치 애완 공룡 디노Dino에게 번번이 당하기만 하는데, 특히 그가 자기 열쇠를 동굴 집 안에 놓고 문을 잠가버려 안에 들어가지 못하고 발을 동동 구르는 걸 볼 때마다 나는 킥킥거리며 웃곤 했다. 그러면서 그가 "윌마!" 하며 큰 소리로 자기 아내를 부를 때 그를 따라서 똑같이 "윌마!" 하고 소리치곤 했다.

나는 내가 좋아하는 맨발의 원시인 프레드 플린트스톤이 아주 기분 좋거나 흥분될 때마다 외치는 환호성이 이번 실험의 결과와 딱 맞는다고 생각한다. 이번 실험에서 우리는 전혀 다른 세상, 즉 내밀한 가능성의 장을 살짝 엿보게 될 것이다. 또한 우리는 소리가 들리긴 하지만, 종종 멀리 떨어져 있는 것처럼 느껴지는 진리에 순응하게 될 것이다. 앞으로 72시간 동안 당신은 프레드 플린트스톤처럼 문을 노크할 것이다. 잠시만이라도 자신이 누구인지, 삶이란 진정 무엇인지 하는 불가해한 진리를 엿보게 될 거라 믿으면서 말이다.

우리 대부분은 도도하게 흐르는 강처럼 우리를 에워싸고 있는 생명력 넘치는 에너지의 장을 인식하지 못한 채, 유령의 집 거울에 비친 일그러지고 왜곡된 상들처럼 그렇게 일그러지고 왜곡된 삶을 살아가고 있다. 그 에너지의 장, 즉 사랑을 전하는 신성한 방송은 1년 내내 이용 가능하며, 우리를 통해 알려지기를 바라고 있다.

우리는 두려움의 렌즈를 통해 삶을 보기 때문에, 그저 문이 잠겨 들어가지 못한다고 생각하며 문 밖에서 "윌마!"를 외치면서 도움을 청한다. 충동적인 믿음과 그에 따른 행동, 무엇보다 삶 그 자체에 대한 지속적인 거부감에 따라 움직이는 것이다. 우리의 의식은 계속 어제 방영된 〈고인돌 가족〉 편을 재연하고 있다. 프레드 플린트스톤과 마찬가지로, 우리 역시 열쇠를 안에 두고 잠그는 바보들이다. 생명과 영원한 사랑을 주는 존재가 공기처럼 가까이 있는데도, 스스로 그 존재를 멀리하고 있으니 말이다. 그 진리의 존재, 그 빛나는 미지의 존재는 우리를 이끌어

주고 치유해주며 또 우리가 필요로 하는 모든 것을 줄 수 있다. 우리는 그저 그 존재에 순응해 마음의 문만 활짝 열면 된다.

조정하라, 그러면 찾을 것이다

"양자의 장과 당신을 제대로 정렬시켜라. 그러면 당신은 태양처럼 빛나게 될 것이다."
– 러셀 브랜드Russell Brand, 영화배우

Let's eat, grandma!(할머니, 우리 이제 먹어요!)

Let's eat grandma!(우리 이제 할머니를 먹자!)

위의 두 영어 문장은 중간에 콤마(,)가 있느냐 없느냐의 차이밖에 없지만, 그 콤마 하나 때문에 사람 목숨이 왔다 갔다 하게 된다. 콤마가 없으면 식인종들이 할머니를 먹으려 드는 상황이 되어버리기 때문이다.

이 장에서 하려는 말이 바로 그것이다. 콤마 하나 찍는 정도의 아주 미세한 차이지만, 당신의 에너지 주파수를 조금씩만 조정해 무한한 가능성의 장에 맞추라는 것이다. 가능성의 장은 한계가 없으며, 우리가 따르는 물리학 법칙들을 따르지도 않는다. 잠재력을 최대한 발휘하기 위한 최선의 방법은 우리의 생각과 감정과 의식을 할 수 있는 한 가능성의 장에 맞춰 조정하는 것이다.

우리의 에너지 주파수 진동이 분명하고 개방적이며 사랑을 담고 있으면, 삶은 저절로 풀린다. 그러나 왜곡된 주파수를 내보내면, 우리는 시시때때로 이런저런 문제와 혼란에 부딪히게 된다. 우리 대부분은 우리 문화에서 허용되지 않는 에너지와 기타 다른 것들에 눈길도 주지 않는 훈련을 받아왔다. 그러나 그런 것을 제대로 볼 수 있게만 된다면, 우리는 곧 깨달을 것이다. 건강과 관련된 문제든 인간관계와 관련된 문제든 돈과 관련된 문제든, 우리가 '문제'라고 부르는 것들은 결국 '에너지가 막힌 것'에 지나지 않는다는 사실을 말이다.

우리의 에너지 진동은 필터와 같은 역할을 한다. 우리에게 익숙한 것은 받아들이고, 그렇지 않은 것은 걸러낸다. 그러나 우리가 분명하고 행복한 가능성의 장에 주파수에 맞출 경우, 우리 삶은 기적과 마법의 세계로 바뀐다. 1.0 세계관에서의 가르침과는 달리, 물질세계를 바꾸려고 물리적인 노력을 기울이는 것보다는 우리의 주파수를 업그레이드하는 것이 훨씬 더 효과적이다. 무한한 가능성의 장에 주파수를 맞추면 더없는 행복감을 느끼게 되지만, 그 행복감은 단순히 술 마신 이후에 기분 좋아지는 수준의 행복감과는 차원이 다르다. 아직 정확히 알려지진 않았지만, 그것이 양자 물리학의 원칙인 것이다.

비행 각도가 단 1도만 어긋나도 비행기는 목표 지점에 착륙할 수 없게 된다. 정상적인 비행 궤도에서 1도 어긋난 상태로 약 1.6km만 비행해도 목표 지점에서 30m 정도 벗어나게 되니 말이다. 1도 어긋난 상태로 약 96km를 비행하면, 목표 지점에서 약 1.6km를 벗어난다. 로스앤젤레스 공항을 떠난 뉴욕 JFK 공항행 비행기의 비행 각도가 단 1도만 어긋나도 JFK 공항에서 무려 64km나 떨어진 차가운 대서양 위로 날아가게 되는 것이다.

이 책의 출판 계약을 할 때 나는 '판매 부수가 일정 수를 넘는다면'이라는 문구를 '판매 부수가 일정 수를 넘을 때'로 고치자고 주장했는데, 그게 바로 이런 이유 때문이었다. 나 스스로 내 미래를 긍정적인 방향으로 조정하고 싶었던 것이다. 평소 당신 자신이나 다른 사람들이 하는 말을 가만히 들어보라. 아니, 끌어당김의 법칙을 철저히 신봉하는 사람들의 말을 들어봐도 마찬가지다. 당신은 우리가 쓰는 그 말에 사용되는 언어들이 미래를 자신이 원하는 방향으로 움직이게 하는 언어가 아니라는 걸 알아차리게 될 것이다.

쓸데없는 트집이라고 생각하는가? 그러나 이처럼 사소한 생각이나 언어 패턴을 바꿈으로써 우리는 곧 정상 궤도로 돌아갈 수 있게 된다. 힘든 일이 아니다. 간단한 말 한두 마디만 바꾸면 된다. 그러나 그 간단한 변화가 우리 삶에 미치는 영향은 어마어마하다.

기적 사고방식

"우리가 한 걸음 나아갈 때, 우주는 만 걸음을 나아간다."
– 마이크 둘리Mike Dooley, 《우주에서 온 메시지Notes from the Universe》의 저자

조정1: "해야 해" 대신 "하는 거야"

무언가를 해야 한다고 생각하지 말고, 그것을 할 수 있는 기회를 갖게

됐다고 생각하는 것이 더 좋다. 그러니까 무언가를 해야 한다며 자신에게 부담을 주는 대신 '출근하는 거야' '아내와 이 껄끄러운 이야기를 해보는 거야' '오늘 검사 결과를 듣는 거야'라는 식으로 말하는 것이다. 사소한 언어 교정만으로도 삶의 비행 궤도를 정상으로 되돌릴 수 있는 경우가 많다.

자신의 일을 싫어하는 사람들이 많다고 들었다. 머릿속에서 영화 자막처럼 '주말 끝'이라는 말이 뜰 때, 그야말로 맥이 확 풀린다는 사람들 말이다. 심지어 모든 요일 가운데 새로운 1주일이 시작되는 월요일에 심장마비 환자가 가장 많이 생긴다는 말도 있다.

나는 내 일과 관련된 모든 것을 사랑한다. 오늘 내가 할 일은 당신에게 조정을 하라고 권하는 것이므로, 월요일이 싫은 사람들에게 "신이시여, 감사합니다. 월요일입니다 Thank God It's Monday, T.G.I.M."라는 말을 하라고 권하고 싶다. 월요일은 이런 말로 시작하라.

"자, 오늘 다시 돈을 벌러 가는 거야. 정말 흥분되는군!"

조정2: "원래 다 이런 거야" 대신 "그 외에 어떤 게 가능하지?"

일단 모든 규칙들에서 자유로워진다면, 또 학창 시절 배운 모든 '사실들'과 당신 가정과 문화에서 끌어 모은 모든 패턴들을 손에서 놓는다면, 그야말로 전혀 다른 현실이 보이기 시작할 것이다. 당신의 삶이 어제나 오늘이나 다 똑같아 보이는 이유는 단 하나, 당신이 당신의 에너지를 어제에 집중하기 때문이다. 습관적으로 반복하려 드는 인식 패턴에 갇혀 있는 것이다. 그런 식으로 이미 알려진 것에만 집중하기 때문에, 모든 종류의 기적을 놓칠 수밖에 없다.

똑같은 것, 익숙한 것에만 집중하지 말고, '무언가 새로운 것이 없을까?' 하고 자문해보라. 어렸을 때처럼 상상의 날개를 펴보는 것이 훨씬 더 유효한 전략이다. 우리가 지금 현실이라고 보고 믿는 것들은, 사실 우리가 현실이라고 상상하는 것들에 지나지 않기 때문이다. 눈에 보이는 것만 말하지 말고, 스스로 다음과 같은 질문들을 해보라.

- "다음 순간에는 어떤 일이 일어날까?"
- "내가 알고 있는 모든 걸 놓아버린다면 무엇이 가능해질까?"
- "내 믿음들을 다 포기한다면 삶이 어떻게 될까?"
- "모든 게 완전무결하다면 어떻게 될까?"

이와 관련해 《매트릭스 에너지학 Matrix Energetics》의 저자인 리처드 바틀렛Richard Bartlett은 "우리의 의식이 불가능한 것들에 의해 지배되는 현실에서 벗어나 가능한 것들에 집중된다면, 매일 양자 에너지와 삶의 원칙들을 제대로 활용하면서 예상치 못한 즐거움을 누리고, 놀라운 기적들을 보게 될 것이다"라고 말했다.

조정3: "나는 왜 이것을 하지 못할까" 대신 "~라면 어떨까?"

당신이 만일 "나는 왜 이것을 하지 못할까?"라는 질문을 한다면, 쓸모없는 데이터만 얻게 될 것이다. 그러나 다른 질문들을 하고 다른 기준들을 적용한다면, 더 유익한 정보들을 얻게 될 것이다.

강력하고 제약 없는 질문들을 하는 습관을 들여보라. 그러면 당신의 우뇌가 자신의 잠재의식에서 오는 신호들에 귀 기울이는 훈련을 하게 된다. 스스로에게 해도 좋을 "~라면 어떨까?" 질문을 몇 가지 소개하면 다음과 같다.

- "암이 즉시 치유될 수 있다면 어떨까?"
- "내일 아침에 일어났을 때 더 젊어 보인다면 어떨까?"
- "올해가 내 최고의 해가 된다면 어떨까?"
- "매일 아무것도 쓰여 있지 않은 깨끗한 매직 스크린에 마음껏 글을 쓸 수 있다면 어떨까?"

현실은 당신에게 주어진 한 벌의 카드나 마찬가지다. 어떤 현실을 집어 올려도 좋다.

조정4: "충분치 않다" 대신 "얼마든지 더 가져올 수 있다"

우리 대부분은 한계를 믿는 경향이 있다. 우리의 자원, 즉 가능성의 장은 무한하다는 사실을 깨닫지 못한 채 한계가 있다고 보고, 자꾸 제동을 거는 것이다. 넷이나 되는 아이들이 아직 어렸을 때, 내 친구 칼라Carla는 '좀처럼 시간이 없네'라고 생각했다. 여러 해 동안 실제 그런 현실을 만든 뒤에야 그 친구는 비로소 "시간은 늘 남아돌아"라고 되뇌기 시작했다. 이후의 변화에 대해 그 친구는 "정말 신기해. 여전히 하루는 24시간인데, 모든 게 변한 거야. 내가 원했던 대로 갑자기 시간이 늘 남아돌기 시작했어"라고 말했다.

조정5: "힘들어" 대신 "식은 죽 먹기네"

개인적으로 나는 네 글자짜리 영어 단어 가운데 가장 위험한 단어 중 하나가 'hard(힘들다)'라고 생각한다. 이 단어는 자신이 하고 싶은 일, 예를 들어 체중을 줄이는 일이나 돈 버는 일 또는 멋진 데이트를 하는 일 등과 합쳐질 때 특히 더 위력을 발휘한다.

이 단어는 대개 "~하는 게 힘들다"라는 식으로 쓰인다. 우리 믿음들은 워낙 강력하며 말 그대로 매 순간 우리 삶을 결정짓기 때문에, 무언가가 힘들다고 믿게 되면 말도 못하게 큰 역효과를 내게 된다. 그렇게 매사 힘들다는 생각을 함으로써 스스로 힘든 삶을 만들게 된다. 나라면 모든 문과 창문을 활짝 열어 축복이 자유롭게 쏟아져 들어오는 그런 삶을 만들 것이다.

내 멋진 동료이자 친구인 아놀라 채러티 Annola Charity는 내게 '이지 버튼 Easy Button'을 선물한 적이 있다. 직경 7cm 정도 되는 그 빨간 버튼을 누르면 "그건 쉬운 일이야That's easy."라는 말이 되풀이해서 나온다. 그 말은 현재 내가 입버릇처럼 외고 다니는 주문들 중 하나다. 단언컨대, 더 많은 걸 우주(또는 나보다 훨씬 더 현명한 무한한 가능성의 장)의 손에 넘길수록 삶은 더 잘 풀릴 것이다.

조정6: "난 완전히 외톨이야" 대신 "난 모든 것과 연결되어 있어"

당신은 당신이 원하는 모든 물질, 모든 답, 모든 사람과 연결되어 있다. 결단코 당신은 모든 것을 손에 넣을 수 있다. 그 연결에서 자신을 떼어내는 것은 불가능하다.

한 줄로 연결되어 불이 켜졌다 꺼졌다 하는 크리스마스 장식 전구 중 하나가 이런 불만을 가진다고 상상해보라.

"나는 지금 불이 들어오지 않아. 대체 어찌 된 거야? 그리고 왜 나만 떨어져 있는 거야? 왜 나만 외톨이냐고? 이 엄청난 문제를 어떻게 해결해야 하지?"

나에게 문제가 있다는 믿음을 버려야만 문제는 해결된다. 우리는 영원히 가능성의 장과 연결되어 있을 것이기 때문이다. 무언가가 당신 눈 앞에 나타나길 바란다면, 그저 모든 걸 그것에 집중하기 시작하라. 당신이 관심을 집중하는 대상은 반드시 당신 앞에 그 모습을 드러내게 되어 있다.

아이들 컴퓨터 게임을 생각해보면 된다. 마우스 커서로 찬장을 가리키면, 문이 열리면서 생쥐가 나와 춤을 추기 시작하거나 공이 나타나 통통 튀기 시작한다. 만일 커서를 당신 삶의 이런저런 기회와 사랑에 맞춘다면, 그 기회나 사랑 역시 현실로 나타날 것이다.

그러나 계속 침대 밑에 있는 괴물들을 클릭한다면, 그 괴물들 역시

"아이구, 좋아라!" 하며 얼른 모습을 드러낼 것이다. 중요한 건 마우스를 쥐고 있는 우리다. 커서를 어디에 놓을지, 관심을 어디에 쏟을지 결정하는 것은 바로 우리 자신이기 때문이다.

경험이 뒷받침된 증거

"기적을 이루려 애쓴다고 해서 우리가 잃을 건 아무것도 없다."
– 버니 시겔, 의사이자 작가

당신이 만일 지구 상에서 아직 수잔 보일Susan Boyle에 대한 이야기를 들어보지 못한 5명 중 1명이라면, 이번 기회에 내가 기쁜 마음으로 그녀를 소개하고 싶다. 그래미상 시상식에서 코미디언 스티븐 콜버트Stephen Colbert가 "수수한 신발을 신은 마흔여덟 살의 나이 지긋한 여성"이라고 묘사한 스코틀랜드 출신의 이 메조소프라노 가수는 자신을 초월한 대표적인 인물이다.

수잔 보일은 9남매 중 막내였다. 그녀의 아버지는 광부였고, 집안 형편은 아주 곤궁했다. 그녀는 1961년 4월 1일에 태어났는데, 당시 그녀를 분만할 때 문제가 있었다. 의사들은 그녀의 부모에게 지속적인 산소 결핍 문제 때문에, 아이가 나중에 학습 지진아가 될 것이라고 말했다. 실제로 그녀는 학교에서 따돌림을 받았고, 반 친구들은 그녀를 '단순한 수지Susie Simple'라고 놀려댔다.

수잔 보일은 잠시 요리사 보조 일을 했으며, 줄곧 부모님과 같은 집에서 함께 살았다. 그러다 90년대에 먼저 아버지가 세상을 떠났고, 2007년에는 어머니마저 세상을 등지고 말았다. 그때 수잔 보일의 나이는 마흔여섯이었다.

그로부터 1년 후, 어머니를 잃은 슬픔이 채 가시지 않은 상태에서, 그녀는 영국의 유명한 오디션 프로그램 〈브리튼스갓탤런트Britain's Got Talent〉에 출연해 용감하게 사람들 앞에 모습을 드러냈다. 그녀는 대부분의 다른 출연자들에 비해 나이가 훨씬 더 많았고, 세련미도 덜했다. 게다가 심한 사투리를 썼고, 요즘 성공한 가수들과 달리 외모도 전혀 매력적이지 않았다.

그 유명한 오디션 프로그램에 참석하기 위해 스코틀랜드 글래스고에 가기 전까지만 해도, 그녀는 지역 교회보다 더 큰 무대에서 노래를 불러본 경험이 전혀 없었다. 심지어 혼자 버스를 타본 적도 없었다. 그래서 고향인 스코틀랜드 블랙번을 출발할 때 처음엔 버스를 잘못 타기도 했다.

드디어 무대 위로 나섰을 때 그녀는 심사위원들로부터 거의 관심도 받지 못했다. 그녀는 그만큼 우리들과 별 다름없이 아주 평범했고, 겁을 집어먹고 있었으며, 그렇게 그대로 잊힐 것처럼 보였다. 그러나 그녀가 매혹적인 목소리로 뮤지컬 〈레 미제라블Les Miserables〉에 나오는 노래 'I Dreamed a Dream'을 부르자, 노래가 다 끝나기도 전에 객석 관중들은 자리에서 일어나 열렬한 박수를 보냈다. 심사위원 사이먼 코엘은 너무 큰 충격에 빠져 거의 말도 못할 정도였다.

그로부터 9일도 안 돼, 전 세계에서 무려 1억 명 이상이 유튜브에 올라온 그녀의 오디션 출연 영상을 보았다. 다시 그로부터 몇 개월 후 그녀의 데뷔 앨범 'I Dreamed a Dream'이 나왔는데, 이 앨범은 곧 전 세계적인 베스트셀러가 되었으며, 특히 영국에서는 신예 가수 리오나 루이스Leona Lewis의 데뷔 앨범 'Spirit'을 제치고 모든 시대를 통틀어 가장 많이 팔린 데뷔 앨범 자리까지 차지했다.

매스컴에서는 성량이 풍부한 이 스코틀랜드 출신의 여가수 수잔 보일을 '수보SuBo'라 부르기 시작했다. 그녀는 이후 영국 여왕과 베네딕트 교황 앞에서도 노래를 불렀고, 〈오프라 윈프리 쇼〉에서도 노래를 불렀다. 자신의 우상이던 가수 도니 오스몬드Donny Osmond는 물론 일레인 페이지Elaine Paige와도 함께 무대에 섰다. 그렇게 수잔 보일은 자신을 초월한 지 1년도 채 안 되어 〈타임〉 선정 '세계에서 가장 영향력 있는 인물' 7위에 올랐다. 두말하면 잔소리겠지만, 그녀는 이제 가난한 삶을 살지 않는다.

당신이 아무리 오래 고립되어 있었든, 자신이 얼마나 평범하다고 느껴왔든, 그런 건 아무 문제도 안 된다. 의사들이 뭐라고 말했든, 학교 친구들이 뭐라고 놀렸든, 그간 어떤 직업을 가졌든 또는 가지지 않았든, 그런 것도 문제가 안 된다. 버스를 잘못 탄 것도, 다른 사람들처럼 세련되거나 젊지 않은 것도 문제가 안 된다. 당신의 초월은 필연적인 일이다. 당신이 가능성의 장과 연결되어 있다는 것은 내일 아침에 태양이 뜬다는 사실만큼이나 확실하다.

실험 방법

"그 길은 힘든 것이 아니라, 아주 다를 뿐이다."
– 기적 수업

만일 당신의 의식 한쪽에서 계속 작동되는 정보 수신용 테이프를 멈출 수 있다면, 당신은 굳이 이 실험을 할 필요가 없다. 당신은 이미 가능성의 장을 잘 알고 있으며, 또 그것이 안겨주는 풍요로움 속에서 살고 있을 것이기 때문이다. 그러나 우리 대부분은 더 기다려야 한다고 믿고 있다. 적절한 단계들을 좇아야 하고, 별들이 정렬되어야 하며, 우리 복권 번호들이 적힌 공들이 떨어져야 한다고 믿는다. 그러나 더는 기다릴 필요가 없다. 가능성의 장은 이미 여기 있으며, 우리를 에워싼 채 평화와 사랑과 기쁨을 우리에게 쏟아붓고 있다.

이 실험은 무언가를 얻기 위한 것이 아니라, 손에서 놓기 위한 것이다. 이른바 진리가 나타나게 하는 실험이다. 이를 위해 당신은 두려움을 버려야 하고, 무엇보다 현실은 끔찍하며 당신 편이 아니라는 생각을 접어야 한다. 결국 이 실험에서는 무언가를 추구하는 게 아니라, 강력한 용접용 버너로 모든 것을 녹여버리듯 사실이 아닌 모든 것을 녹여버릴 것이다. 다음 단계대로 따라 하면 된다.

- **가능성의 장에 진지하게 그리고 열심히 초월의 순간을 맛보게 해달라고 요청하라.** 분명히 눈에 띄게 해달라고 하라. 많은 사람들이 초월에 대해 설명하려 애썼지만(독일 철학자 칸트는 초월을 '넘어서는 것'이라

고 했다), 초월은 워낙 크고 특이한 개념이어서 한마디로 표현하기가 쉽지 않다. 일단 여기서는 도달하면 못 볼 수가 없는 것이라고 해두자.

- **앞으로 3일간 거울 앞에 설 때마다**(현대인들은 대부분 거울을 자주 보는 편이지만), **자신의 눈을 깊이 들여다보며 속으로 "이건 진정한 내가 아니야. 난 지금 보이는 저 몸보다 훨씬 더 한계가 없는 존재야"라고 되풀이해 말하라.** 이로써 당신은 현실에서 재량권을 갖게 될 것이다.

- **누군가가 당신을 깊이 사랑하고, 극진히 보살펴주고, 필요로 하는 모든 것을 풍족하게 주고 있다는 사치스러운 행복감에 푹 빠져보라.** 몸이 완전히 파묻히는 푹신한 소파에 앉을 때처럼 무한한 가능성의 장의 푸근한 보살핌에 몸을 맡기는 것이다.

- **언제고 몸속의 활발한 움직임을 주시하라.** 이런저런 생각들에 대한 관심을 끊으면, 몸속에서 요동치는 에너지의 활력을 느낄 수 있게 된다. 나는 그것을 '커다란 행복'이라 부른다.

- **지나치게 들뜬 마음을 멀리하라.** 그러면 유연하고 여유롭고 덜 경직된 느낌을 갖게 되고, 또 중립적면서도 무한한 가능성의 바다에 빠지게 된다.

실험 보고서

실험: 기적 창조의 문제

이론: 세상에는 보이지 않는 에너지의 힘, 즉 무한한 가능성의 장이 존재한다.

의문: 이 세상에 정말 보이지 않는 삶의 강, 우리 삶의 청사진을 제공해주는 에너지의 장이 있다면, 나는 왜 그리 자주 그것을 인지하지 못하는 걸까?

가설: 내 몸을 관통해 흐르려 하는 에너지의 장에 저항하지만 않는다면, 나는 진정한 삶을 엿보고 또 맛볼 수 있게 될 것이다.

주어진 시간: 72시간

오늘의 날짜: _____ **시각:** _____

답을 받아보게 될 마감 일자: _____

접근 방식: 좋다. 이제 가능성의 장이 영광을 누릴 순간이다. 나는 나 자신이 가능성의 장과 연결되어 있다는 것을 알게 되기를 기대한다. 내가 알기로는 가능성의 장과 연결되면, 그 사실을 모를 수 없다고 한다. 그래서 나는 앞으로 72시간 동안 그 무한한 가능성의 장을 엿보게 되리라는 믿음을 갖고, 촉각을 곤두세워 상황을 살필 것이다.

연구 노트: _____

_____

_____

_____

_____

_____

_____

"삶은 해결해야 할 문제가 아니라, 경험해야 할 현실이다."
— 쇠렌 키에르케고르 Soren Kierkegaard, 철학자

> 나의 블로그 이야기

와, 드디어 금요일이다

나가서 자축할 때다. 당신이 얼마나 행운아인지를 기억할 시간이고, 가장 지고한 우주를 향해 찬사를 보낼 때다. 나의 멘토인 작가 롭 브레즈스니는 이렇게 말한다.
"금지된 행복의 문을 부수어버리자."
내게는 희망 사항들을 써놓은 목록이 있다. 그중 2가지는 나 자신과 관련된 것이다.

- 더 멋진 질문들을 생각해낼 수 있길.
- 인생 최고의 날을 즐기게 되길.

또 다른 희망 사항은 모든 것의 근원, 즉 무한한 가능성의 장과 관련된 것으로 다음과 같다.

- 다른 모든 일들도 처리해주길.

마치며

보너스 실험10.
신나는 파티를 위하여

"나는 기적을 믿는 정도가 아니라, 기적에 의지한다."
– 요기 바잔, 영적 스승

축하한다! 드디어 당신은 이 책을 다 읽었다. 이제 파티를 열 시간이다. 색종이 조각들을 뿌리고, 큰소리로 웃고 떠들며, 내키는 대로 마음껏 춤을 출 시간이 왔다.

당신은 어떤지 모르겠지만, 내 세계에서는 파티를 할 때 대개 술을 마신다. 당신은 툭하면 "나는 희생자야" "내게는 힘이 없어"와 같은 말을 하던 태도를 버렸으므로, 이제 물을 포도주로 바꾸는 실험을 할 때가 됐다고 생각한다. 그렇다. 이것은 의욕 넘치는 사람들을 위한 실험이다.

"물을 포도주로 바꾸는 실험이라니, 대체 뭔 소리지?" 싶을 것이다. 내가 생각해도 정말 믿기 어려운 일이니까. 하지만 나는 그 어떤 새로운 가능성도 내 의식이 그걸 믿고 받아들이지 못하는 한 계속 내 영역 밖에 머물러 있을 수밖에 없다는 사실을 잘 안다. 1954년 5월 6일 영국 육상 선수 로저 배니스터Roger Bannister가 성공하기 전까지만 해도(그 이후에도 여러 사람이 성공했지만), 인간이 4분 내에 약 1.6km를 주파한다는 건 불가능한 일로 여겨졌다. 그와 마찬가지로 1.0 세계관 신봉자들에게 기적은 불가능한 일로 여겨진다.

내가 '4분 내 1.6km 주파' 이야기를 하는 데는 다 그럴 만한 이유가 있다. 바로 한 사람이 무언가를 할 수 있다면, 다른 사람들도 할 수 있다는 이야기를 하고 싶어서다. 이런 맥락에서 물을 포도주로 바꾸는 일을 한 사람이 있다.

〈요한복음〉 2장 11절을 보자. 한 결혼식에 초대받은 전형적인 유대인 어머니 마리아가 예수에게 포도주가 다 떨어졌으니, 어떻게 해보라고 말한다. 처음에는 내키지 않은 것처럼 보였지만 어머니의 청을 거절하는 걸 죄스러워하는 유대인 아들들이 그렇듯 예수는 결국 어머니의 청을 들어드리기로 한다. 그는 항아리 6개에 물을 가득 채워 오라고 한 뒤, 한 가지 현실(물)을 다른 현실(포도주)로 바꾸었다. 물의 분자 구성을 포도주의 분자 구성으로 바꿔버린 것이다.

예수가 만들어낸 포도주는 당시 그걸 마신 사람들이 감탄할 정도로 품질이 뛰어났다. 만일 그 당시 와인 잡지 〈와인 스펙테이터Wine Spectator〉가 있었다면, 아마 그것을 99.9점의 아주 뛰어난 포도주라고 판정했을 것이다. 어쨌든 나는 여섯 항아리까지는 필요 없고, 딱 한 잔의 멋진 까베르네 포도주만 있으면 된다.

경험이 뒷받침된 증거

"나는 더 크고 더 달콤한 현실을 볼 수 있게 해줄 인식의 변화를 갖게 해달라고 기도한다."
– 앤 라모트Anne Lamott, 소설가이자 진보적인 영적 활동가

중국의 기공氣功 전문가들은 브랜디의 맛을 변화시키는 경우가 많다. 기氣 에너지를 이용해 브랜디를 더 순수하고 고급스럽게 만드는 것이다. 세계적인 기공 전문가 로버트 펭Robert Peng은 이 간단한 기술이 초보자도 펼칠 수 있는 것이라고 단언한다. 그는 그 기술을 각종 워크숍에서 가르치고 있으며, 또 그의 저서 《마스터 키The Master Key》에서 비교적 자세히 설명하고 있다.

그는 맛이 얼마나 놀랍게 달라지는지 비교할 수 있게 브랜디를 2잔 준비할 것을 권한다. 그는 다음과 같이 묻는다.

"당신이 온전히 자신의 의지력과 생각 집중을 통해 1분 이내에 알코올의 맛을 변화시킬 수 있다면, 당신 자신에 대한 부정적인 생각들을 변화시킬 경우 대체 어떤 일이 일어날 것 같습니까? 또 지금 당신은 부정적인 생각들을 통해 다른 사람들에게 어떤 영향을 주고 있을까요? 사람들은 대기 오염, 수질 오염, 전자 오염, 소음 오염 등 온갖 오염 문제에 대해 점점 더 큰 관심을 보이고 있습니다. 하지만 우리 자신의 의식에 의해 발생하는 오염 문제에 대해선 대체 얼마나 큰 관심을 갖고 있을까요?"

로버트 펭은 우리의 개인적인 생각과 외부 세계 사이에 그어진 선은

투과성이 있어서 우리의 부정적인 생각들은 눈에 띄지 않지만, 여기저기에 '피 묻은 지문들'을 남긴다고 말한다.

실험 방법

"기적이란 1+1이 2가 되는 것이 아니라 1,000이 되는 것이다."
– 프레데릭 뷰크너Frederick Buechner, 《은총의 알파벳The Alphabet of Grace》의 저자

다음에 소개하는 실험 방법은 앞서 말한 로버트 펭의 저서 《마스터 키》에서 '의지력 마스터하기' 장에 나오는 연습11을 빌려온 것이다.

- 잔에 물을 따르자. 그리고 그 잔을 당신 바로 앞에 놓아라.
- 20초 동안 두 손을 열심히 비빈다. 그다음 잔에서 30cm 정도 떨어진 거리에서 두 손으로 잔을 잡는 자세를 취한 채, 잔을 중심으로 두 손바닥 사이에서 기 에너지가 흐르게 한다. 20초간 당신의 에너지가 잔 안에 있는 물을 통과하는 걸 느낀다.
- 잔을 집어 든다. 당신 손에서 밝은 빛이 쏟아져나가 잔속의 물을 뚫고 나가는 장면을 머릿속으로 그려보라. 그리고 물이 포도주로 변하는 장면을 그려보라. 그런 식으로 1분간 계속 당신 에너지를 내보낸다.
- 당신 손가락들 끝에서 황금빛 에너지 빛줄기들이 나가는 걸 상상하면서 기를 이용해 물을 휘저으며 정제하라. 당신의 기가 유리잔 안으로 들어가 물을 변화시킨다는 느낌을 받아라. 이런 식으로 1분간 꾸준

히 그리고 편하게 계속하면서 미소를 지어라.

- 둘째손가락과 가운뎃손가락을 이용해 로버트 펭이 말하는 이른바 '검 손가락 날'을 만들어 잔 안에 에너지를 밀봉시켜라.
- 이제 기분 좋게 잔 속에 있는 술을 마셔라.

실험 보고서

실험: 신나는 파티를 위하여

이론: 한 사람이 무언가를 할 수 있다면, 다른 사람들도 할 수 있다.

의문: 물을 포도주로 바꾸는 게 가능할까? 예수님이 해낸 그 일을 나도 해낼 수 있을까?

가설: 잔에 물을 따른 뒤, 기 에너지를 활용해 그것을 포도주로 바꿀 수 있다.

주어진 시간: 3분

오늘의 날짜: _____ **시각:** _____

답을 받아보게 될 마감 일자: _____

접근 방식: 나는 팸 그라우트가 제시한 방법대로 물을 포도주로 바꾸는 일을 할 것이다.

연구 노트: 이번 연구 노트는 당신 대신 내가 작성하고 있다. 파티 중인 당신이 이런 걸 작성할 수는 없을 것 같아서다. 마음을 활짝 열고 나와 함께 이 모든 실험에 참여해 이 세상의 패러다임을 바꾸는 일에 동참해준 독자들에게 감사드린다. 당신이 무슨 일을 하고 있든, 중단하지 말았으면 한다. 용기를 잃지 말고, 계속 도전하라. 그리고 여기서 제시한 원칙들을 활용해 미개척지나 다름없는 가능성의 장으로 들어가 보라. 물론 지금 당장은 만사 다 제치고 포도주 한잔 하는 게 어떤가?

"정해진 규칙으로부터의 일탈 없이는 발전도 없다."

― 프랭크 자파Frank Zappa, 음악가

> 나의 블로그 이야기

굶주린 사자와 검투사와 문제들

나는 예언가는 아니지만, 앞으로 100년 후(그보다 이르면 더 좋겠지만) 미래 세대는 분리와 한계에 대한 우리의 믿음을 되돌아보면서 이런 생각을 할 거라고 장담한다.

'대체 그 당시 사람들은 무슨 생각을 한 걸까? 어떻게 잘못 알아도 그렇게 잘못 알 수 있었을까?'

그들은 우리가 타고난 힘을 활용하는 걸 스스로 거부한 것에 대해 정말 의아하게 생각할 것이다. 우리가 머릿속에 로마 시대의 서커스 이야기를 하며 '농담이겠지? 어떻게 그 많은 사람이 경기장에 둘러앉아 포도주를 홀짝이며 굶주린 사자들이 검투사들을 갈기갈기 찢어놓는 걸 구경할 수 있었던 말이야?'라고 생각하듯 말이다. 아마 미래 세대는 '그 당시 사람들이 그렇게 자학적인 행동을 한 건, 그러니까 베일 바로 맞은편에 자신들이 원하는 모든 게 다 있는데 그렇게 결핍 속에 고생한 건, 우리가 알지 못하는 어떤 호기심 때문이었는지도 몰라'라고 생각할 수도 있다.

오늘 내가 소개하고 싶은 기적 수업의 교훈은 "당신의 문제는 이미 다 해결되었다는 걸 깨달아라"이다. 존재하지도 않는 문제로부터 자신을 해방시키려 애쓰고 있는 당신과 나 그리고 다른 모든 사람들에게 용기를 주는 말이 아닐 수 없다.

기적 수업에서는 사람의 의식이 물질세계를 만들어낸다는 생각을 지지한다.

다시 말해 우리 인간은 스스로 자신이 살아가게 될 삶과 또 그 삶 속에서 보고 싶어 하는 것들을 미리 결정한다는 것이다. 그런데 이런저런 문제들을 해결하는 데 우리의 에너지를 몽땅 쏟아부을 경우, 우리는 그만큼 기력이 쇠할 수밖에 없다. 자신이 진정 원하는 것들에 관심을 쏟는 게 아니라, 온통 문제를 확인하고 분석하고 해결책을 찾는 과정에 집중함으로써 스스로 힘을 빼고 있는 것이다.

거듭 말하지만, 우리는 우리의 좋지 않은 점들을 제일 먼저 테이블에 올리고 있다. 그러고는 '사기꾼', 즉 내가 '내면의 살리에리'라 부르는 목소리를 통해 답을 찾으려 한다. 혹시 1984년에 개봉된 영화 〈아마데우스^{Amadeus}〉를 봤다면, 안토니오 살리에리$^{Antonio\ Salieri}$에 대해 잘 알 것이다. 그는 베니스의 작곡가이자 지휘자이자 합스부르크 오페라단 단장이었는데도 천재 작곡가 모차르트에 대해 심한 콤플렉스를 갖고 있었다. 1979년에 나온 동명의 희곡을 영상으로 옮긴 그 영화 〈아마데우스〉에서 살리에리는 젊은 작곡가 모차르트의 천재적인 재능을 알아보고, 그의 앞길을 가로막기 위해 안간힘을 쓴다. 내가 우리와 무한한 가능성의 장 사이에 장벽을 세우고 싶어 하는 목소리를 '내면의 살리에리'라 부르는 것은 바로 이 때문이다.

우리는 늘 조기弔旗를 내걸고 산다. 이는 우리가 가능성의 장과 분리되어 있으며, 또 모든 것에는 한계가 있다는 그 어리석은 믿음의 부작용 때문에 생기는 일이다. 우리는 인간이 나약하기 때문에 자신의 삶을 만들어갈 수 없다고 여겼던 로마 시대 서커스만큼이나 케케묵은 생각들을 실행하며 살고 있는 것이다. 미래의 세대들은 아마 이렇게 생각할 것이다.

'그 시대 사람들은 왜 그렇게 깊은 자기 회의에 빠져 마땅히 누려야 할 즐거

움과 기쁨도 누리지 못한 채 살았을까?'

그들은 우리가 왜 창의적인 힘을 발휘하지 못했는지 도저히 이해할 수 없을 것이다. 그러면서 아마 '그들에게는 정말 놀라운 선물이 있었는데. 그 선물을 풀어보지도 않은 채 그냥 구석에 세워놓다니'라고 중얼거릴 것이다. 나는 미래 세대들 때문에라도 지금 내가 할 수 있는 일을 하려고 한다. 그래서 세상의 모든 축복과 기적에 끝없는 감탄사를 내뱉으며 살고 있는 것이다.

당신은 어떻게 할 것인가?

"하루하루가 다 기적에 바쳐져야 한다."
- 기적 수업

E^3

초판 1쇄 발행일 2015년 2월 25일
초판 7쇄 발행일 2024년 9월 5일

지은이 팸 그라우트
옮긴이 엄성수

발행인 조윤성

디자인 박지은
발행처 ㈜SIGONGSA **주소** 서울시 성동구 광나루로 172 린하우스 4층(우편번호 04791)
대표전화 02-3486-6877 **팩스(주문)** 02-585-1755
홈페이지 www.sigongsa.com / www.sigongjunior.com

글 ⓒ 팸 그라우트, 2015

이 책의 출판권은 ㈜SIGONGSA에 있습니다. 저작권법에 의해
한국 내에서 보호받는 저작물이므로 무단 전재와 무단 복제를 금합니다.

ISBN 978-89-527-7287-9 03320

*SIGONGSA는 시공간을 넘는 무한한 콘텐츠 세상을 만듭니다.
*SIGONGSA는 더 나은 내일을 함께 만들 여러분의 소중한 의견을 기다립니다.
*잘못 만들어진 책은 구입하신 곳에서 바꾸어 드립니다.

┌─ **WEPUB** 원스톱 출판 투고 플랫폼 '위펍' __wepub.kr ─┐
  위펍은 다양한 콘텐츠 발굴과 확장의 기회를 높여주는
  SIGONGSA의 출판IP 투고·매칭 플랫폼입니다.